INVENTAIRE 25,002 agricole de l'arrondissement de Lille.

Rapport
sur le
concours départemental
d'animaux reproducteurs
tenu à Lille en 1860.
Par M. A. Charles.

S

COMICE AGRICOLE DE L'ARRONDISSEMENT DE LILLE.

RAPPORT

SUR LE

CONCOURS DÉPARTEMENTAL

D'ANIMAUX REPRODUCTEURS

TENU A LILLE EN 1860,

AVEC

Réflexions sur les motifs qui ont été allégués pour demander
la suppression du système des primes d'encouragement
à l'industrie privée et son remplacement par
l'institution des étalons départementaux,
sur ce que ces derniers ont produit,
et sur ce qu'on peut en attendre
pour
L'amélioration de l'espèce chevaline dans le département du Nord,

PAR M. A. CHARLES, VÉTÉRINAIRE,

Secrétaire-Général du Comice agricole de Lille.

LILLE,
IMPRIMERIE DE LELEUX, GRAND'PLACE, 8.

1860.

RAPPORT

SUR LE

CONCOURS DÉPARTEMENTAL

D'ANIMAUX REPRODUCTEURS TENU A LILLE EN 1860,

AVEC

Réflexions sur les motifs qui ont été allégués pour demander la suppression du système des primes d'encouragement à l'industrie privée et son remplacement par l'institution des étalons départementaux, sur ce que ces derniers ont produit, et sur ce qu'on peut en attendre pour

L'amélioration de l'espèce chevaline dans le département du Nord,

Par M. A. CHARLES.

Messieurs,

Le Concours départemental d'animaux reproducteurs a eu lieu en 1860, le mardi 4 septembre, à Lille.

A neuf heures du matin, les membres désignés par les Sociétés d'agriculture pour composer le Jury, se réunissaient dans un des pavillons de l'abattoir de la ville.

Etaient présents :

MM. Mathieu, de Longate, } Délégués de la Société d'agriculture de Cambrai.
Raoul, d'Iwuy,
Guilbert, d'Orchies, } id. id. de Douai.
Fiévet, de Masny,
Salomé, de Bailleul, id. id. de Bailleul.
Schallier, de Bourbourg, id. id. de Bourbourg.
Jⁿ Lefebvre, } Délégués du Comice agricole de Lille.
Charles.

M. Lutun, délégué par la Société d'agriculture d'Hazebrouck, et M. Delaetre, par celle de Dunkerque, n'ayant pu se rendre à la réunion, et les Sociétés d'agriculture de Valenciennes et d'Avesnes n'ayant pas désigné de délégués, le Jury, conformément au Réglement, fut complété par les membres ci-après pris dans le sein du Comice agricole de Lille.

MM. Pommeret, vétérinaire.
Chieux,   id.
Dubiez,   id.
Pollet,   id.
Frappé, cultivateur.
Deleplanque, id.

Le Jury, après avoir nommé pour Président M. Jⁿ Lefebvre, et pour Secrétaire M. Charles, et avoir décidé, sur la proposition de l'un de ses membres, que le vote pour la distribution des récompenses aurait eu lieu au scrutin secret, se rendit dans l'allée des voitures de l'Esplanade, pour y procéder à l'examen des animaux de l'espèce chevaline.

Onze étalons du département sur dix-huit, placés sur le *Jeu-de-Paume*, et dans l'ordre où ils avaient été déclarés au bureau d'enregistrement, furent d'abord soumis à son inspection. C'étaient :

— 5 —

NUMÉROS d'inscription.	NOMS et DOMICILES des détenteurs.	NOM du cheval.	ÉPOQUE de la détention.	AGE.	ROBE et marques particulières.	RACE.	NOMBRE de sauts dans l'année.
51	Samain, à Péronne.	L'Homme-Bleu	6 ans.	8 ans.	Gris.	Bourbourg.	148
52	Crespel, à Houplin.	Le Robuste.	1 an.	4 ans.	Id.	Id.	77
53	Wennaëre, à Lifferenkoucke.	Jean-Bart.	1 an.	7 ans.	Id.	Id.	60
54	Mahieu, à Capellebrouck.	Mercure.	1 an.	4 ans.	Id.	Boulonnaise	60
55	Blondé, à Oxelaëre.	Le Brillant.	4 ans.	9 ans.	Gris argenté	Bourbourg.	104
56	Bédard, à Lynde.	Porthos.	1 an.	4 ans.	Gris.	Id.	108
57	Blervacq, à Gœulzin.	Passereau.	1 an.	5 ans.	Gris étourn.	Boulounaise	110
58	Decrouez, à Briastre.	Vauban.	1 an.	4 ans.	Gris.	Bourbourg.	106
59	Cuillerez, à Maubeuge.	Rigolo.	4 ans.	8 ans.	Gris blanc.	Id.	102
60	Crepy, à Feignies.	Marceau.	4 ans.	8 ans.	Gris.	Percheronne	
61	Rémy-Herbomez, à Rosult.	Cabry.	6 mois.	3 ans.	Id.	Bourbourg.	42

Après avoir procédé à leur examen avec la plus grande attention au repos d'abord, au pas et au trot ensuite, on agita dans le sein du Jury la question de savoir sur quels motifs on devait se baser pour décerner les récompenses, et on fut presqu'unanime pour reconnaitre qu'il était impossible d'être guidé par autre chose que par les qualités des étalons exhibés, ainsi que cela avait eu lieu les années précédentes. Le vote eut donc lieu en conséquence, et les distinctions furent decernées dans l'ordre suivant :

M. SAMAIN, à Péronne, pour l'étalon l'*Homme-Bleu*, âgé de 9 ans, de la race de Bourbourg, qui a obtenu la première distinction en 1856 et la troisième en 1858.

Médaille de vermeil.

M. BEDAERT, à Lynde, pour *Porthos*, étalon de 4 ans, de la race de Bourbourg.

Médaille d'argent, M. M.

M. DECROUETZ, à Briastre, pour *Vauban*, étalon de 4 ans de la race de Bourbourg.

Médaille d'argent (P. M.)

M. BLERVACQ, à Gœulzin, pour *Passereau*, étalon de la race boulonnaise.

Médaille de Bronze.

Le Jury a classé dans un ordre inférieur *Brillant*, *Marceau*, *Rigolo*, ensuite *Jean-Bart* et *Mercure*, puis après *Robuste*, qui boitait et n'était *robuste* que de nom, et enfin *Cabri* dont le détenteur sollicitait l'intervention du Jury près de M. le Préfet pour appuyer une demande de 400 fr. qu'il devait adresser à ce haut fonctionnaire en indemnité des soins donnés à ce cheval qui avait toujours été malade depuis six mois qu'il était chez lui : néanmoins *Cabri* avait fait 42 sauts.

Étalons de l'Industrie privée.

3 seulement ont été présentés. Le Jury a constaté avec d'autant plus de regret que le nombre en diminuait de plus en plus chaque année que ceux qui étaient exhibés se distinguaient par des qualités réelles; et, quoique le nombre en fut aussi restreint et juste égal à celui des récompenses portées au programme, n'hésita-t-il pas à les décerner toutes dans l'ordre suivant :

M. Decrouetz, à Briastre, pour *Mars*, étalon de 6 ans, de la race de Bourbourg.

1er *Prix, Médaille d'argent et Prime de 400 francs.*

M. Rémy-Deruesne, à Onnaing, pour *Robin*, étalon de race anglo-normande.

2e *Prix, Médaille d'argent et Prime de 250 francs.*

M. Dorchies, à Bruay, pour *Robert*, étalon de 5 ans de la race boulonnaise.

3e *Prix, Médaille d'argent et Prime de 100 francs.*

Juments suivies de leurs poulains de l'année.

Cette catégorie laisse toujours beaucoup à désirer; 5 seulement ont été présentées. Néanmoins, celles qui ont obtenu le 1er et le 2e prix étaient remarquables par leur bonne conformation.

Sur 4 prix portés au programme 3 seulement ont été décernés dans l'ordre suivant :

M. Letrez, Benjamin, à Cappelle, près Dunkerque, pour une jument de 7 ans, de race boulonnaise.

1er *Prix, Médaille d'argent et Prime de 100 francs.*

M. Dubuisset, à Ronchin, pour une jument de 6 ans, de race boulonnaise.

2e *Prix, Médaille d'argent et Prime de 75 francs.*

M. Montagne, à Wattignies, pour une jument du pays, âgée de 9 ans.

3e *Prix, Médaille d'argent*, (*M. M.*)

Pas de 4e prix.

Poulains et pouliches d'un à deux ans.

11 poulains ont concouru pour l'obtention des récompenses portées au programme. Cette catégorie laisse toujours aussi beaucoup à désirer; néanmoins, le Jury a cru devoir récompenser quatre sujets en partageant en deux le 3e prix, et il a décerné à :

MM. Cordonnier frères, à Chemy, pour un poulain de race boulonnaise, âgé de 18 mois.

1er *Prix, Médaille d'argent et Prime de* 100 *francs.*

M. Lefebvre, à Mons-en-Pévèle, pour un poulain de 18 mois, de race boulonnaise.

2e *Prix, Médaille d'argent et Prime de* 75 *francs.*

M. Delcourt, à Bourghelles, pour un poulain du pays, âgé de 16 mois.

M. Baudoux, à Lezennes, pour une pouliche du pays, âgée aussi de 16 mois.

3e *Prix (partagé) Médaille d'argent et Prime de* 50 *francs.*

Avant de faire le compte-rendu des autres espèces animales appelées à concourir, nous vous demandons la permission d'entrer, Messieurs, dans quelques considérations que font naître les résultats de ce Concours, et de nous pardonner si nous sommes un peu long; mais l'importance du sujet que nous allons traiter exige que nous entrions dans des détails que nous abrégerons cependant autant qu'il nous sera possible.

Dans le rapport que nous avons eu l'honneur de vous faire du Concours départemental d'animaux reproducteurs, tenu à Haze brouck, en 1859, nous vous avons démontré (pages 9 et suivantes) par extraits de leurs ouvrages, que Mathieu de Dombasle et M. Magne, professeur à l'école d'Alfort, n'étaient point partisans des institutions d'étalons départementaux.

Nous avons dit « que le Conseil général de l'Isère, qui a pendant longtemps mis des types reproducteurs à la disposition des éleveurs, se borne aujourd'hui à accorder des subventions aux Sociétés d'agriculture et aux Comices agricoles qui veulent faire des importations, laissant à ceux qui sont les plus intéressés et le mieux à même de connaître les diverses parties du département le soin de choisir les animaux qui conviennent le mieux;

» Que quant aux départements qui veulent simplement améliorer leurs chevaux sans s'inquiéter de la race, il leur suffit pour obtenir de bons résultats, de fonder des prix ou de distribuer des subventions aux éleveurs qui introduisent et entretiennent de bons reproducteurs;

» Qu'ils ont pour garantie du succès l'intérêt des étalonniers à choisir de bons étalons et celui des propriétaires; les éleveurs qui ont des juments à faire saillir sachant toujours reconnaître les chevaux dont ils peuvent attendre du profit. »

Nous avons fait remarquer que : c'est à l'âge adulte que la sécrétion du sperme est dans toute son activité;

» Que d'après un règlement adopté par le département du Finistère les détenteurs d'étalons départementaux ne devaient faire couvrir que 25 juments par les étalons de quatre ans, 50 par ceux de cinq ans et 60 par ceux qui avaient plus de cinq ans; que ce nombre ne pouvait être dépassé, et qu'il était défendu de faire faire à chaque étalon plus de deux sauts par jour;

» Que parmi les hippologues, les uns portent à trente juments, d'autres à quarante, à cinquante, et de nos jours à soixante le nombre de celles que doit annuellement féconder un étalon en supposant qu'il les couvre deux fois chacune; et, qu'en supposant que l'on obtienne chaque année un produit en poulains équivalant aux deux tiers des juments c'est une proportion que l'on ne peut espérer de dépasser en moyenne ;

»Avant d'entreprendre l'amélioration d'une race, avons-nous dit, il importe beaucoup d'être fixé sur les qualités qu'on veut lui communiquer;

»Pour fixer son choix, l'agronome doit avoir égard aux ressources dont il dispose et aux débouchés que lui fournit le pays; il doit prendre en considération la fertilité de ses terres, la qualité et la quantité de ses fourrages, le climat de la localité qu'il habite et les éleveurs doivent bien distinguer les débouchés qui sont suscités par des besoins réels, durables, des demandes occasionnées par la mode ou par des nécessités passagères;

»Les prix et primes, avons-nous dit encore, ont pour but de provoquer la multiplication et l'amélioration des animaux;

»Pour que les prix provoquent tout le bien possible il faut les fonder en vue des bénéfices des éleveurs et des besoins de la consommation ; à cet effet, on ne saurait tracer de règle, les conditions devant varier suivant chaque pays.

»L'essai des chevaux, quel que soit le service auquel on les destine, est le meilleur moyen de reconnaître leurs qualités; en établissant des Concours appropriés aux divers pays, on peut provoquer l'application et le perfectionnement de tous les animaux de travail. »

Nous avons ajouté que « d'après le dernier relevé statistique, le département possédait 82,653 chevaux, juments ou poulains, et qu'en admettant que la durée moyenne de la vie du cheval soit de 11 ans, il devait produire chaque année, pour se suffire seulement à lui-même, 7,332 poulains qui exigeraient un chiffre de 10,998 juments et de 137 étalons en admettant qu'ils fassent chacun 80 sauts en moyenne, ou par arrondissement, relativement au nombre des juments qu'ils possèdent : (1)

---

(1) Le département possède 32,671 juments de 3 ans et au-dessus, et 12,585 poulains et pouliches de 3 ans et au-dessous.

30 à Avesnes,
28 à Cambrai.
12 à Douai.
13 à Dunkerque.
10 à Hazebrouck,
24 à Lille.
20 à Valenciennes.
―――
137

Nous avons dit aussi « que le département avait dépensé pour achats d'étalons, de 1850 à 1859 inclusivement, une somme de 100,000 fr. environ, et que nous ne doutions pas que l'industrie privée, aidée de ces finances converties en fortes primes distribuées annuellement, aurait plus amélioré nos races que ne l'a fait l'institution des étalons départementaux, d'autant plus que l'on aurait pu y joindre une grande partie de la somme que le département et les Sociétés d'agriculture consacrent chaque année au Concours départemental d'animaux reproducteurs pour récompenser les juments et les poulains. »

Nous ajouterons qu'on ne peut pas prévoir l'époque où il sera permis de supprimer ces allocations pour une institution qui ne tend à rien moins qu'à détruire l'industrie privée, au profit de quelques privilégiés, en ne produisant que pas ou fort peu de bien, ni savoir où l'on s'arrêtera dans cette voie, où il n'y a aucun but réel désigné à atteindre. Car il ne suffit pas de dépenser de l'argent pour améliorer une race, mais il faut encore et il faut surtout que l'on sache bien quelles sont les parties qu'il faut et comment il faut les transformer pour améliorer les races, et cela est d'autant plus difficile à faire dans le département, qu'il y en a plusieurs.

N'oublions pas, en outre, que pour arriver à améliorer une race il faut une grande persévérance et beaucoup d'esprit de suite ; que ces deux qualités ont complètement manqué jusqu'ici à l'institution des étalons départementaux, comme nous le prouverons plus loin, et que cela lui manquera probablement toujours.

Mais quelles raisons a-t-on fait valoir en 1850 pour demander que l'on abandonnât le système de primes qui avait été établi depuis douze ans, pour le remplacer par l'institution des étalons achetés par le département? *(Nous les puisons dans le numéro du journal* LA VÉRITÉ *du samedi 7 septembre* 1850*).*

L'on a dit « qu'en 1838, une somme de 8,000fr. avait été portée au budget départemental pour primes à accorder aux juments et jeunes poulains, que les résultats des Concours n'ayant pas été satisfaisants en 1839, on décida qu'il y aurait un Concours des 7 arrondissements, et que les primes seraient désormais accordées à la reproduction; que ce nouveau mode n'ayant apporté que des résultats illusoires, on l'abandonna de nouveau; que cette fois ce ne fut plus au sexe ni à l'âge qu'on s'en prit, mais au nombre des Concours qu'on réduisit de sept à trois, et au chiffre de l'allocation qu'on réduisit aussi de 8,000 fr. à 3,000 fr.; que l'année d'ensuite on crut avoir trouvé le remède à tant d'insuccès en reportant le nombre des Concours à quatre au lieu de trois; qu'enfin, en 1848, on déclara que le problème serait définitivement résolu si l'on réduisait le nombre des Concours à deux, et si l'on en fixait l'exercice dans deux des localités desquelles on avait cru devoir les supprimer quelque temps auparavant; qu'à Valenciennes l'étalon qui avait obtenu la première prime était atteint d'un vice redhibitoire transmissible (le cornage); que les trois autres étalons qui avaient obtenu les trois autres primes étaient ceux qui n'étaient arrivés qu'en second ordre l'année précédente, et qui avaient été refusés pour différentes causes; qu'à Hazebrouck les résultats des Concours avaient été déplorables: que sur 14 étalons présentés à la Commission, 13 avaient été refusés à l'unanimité à cause de leur âge, de leurs tares, de leur maladies organiques, de leur défaut de conformation, de leur laideur et que si le quatorzième avait été plus heureux, s'il avait obtenu la 3me prime, il ne l'avait pas dû à son mérite, mais à la crainte qu'ont manifesté quelques membres de la Commission de jeter le découragement parmi les étalonniers.

» Si le système de primes, ajoutait-on, ne brillait pas par ses résultats, il se faisait remarquer au moins par son extrême simplicité. Un arrêté de M. le Préfet prévenait les cultivateurs qu'une Commission de Concours se réunirait tel jour, à telle heure, dans telle localité. Deux conditions était imposées à cette Commission ; la première de décerner les Primes selon le mérite des étalons présentés à leur examen; la seconde de ne plus *admettre pendant deux ans au Concours l'étalon qui déjà avait été primé ;* puis la Commission jouissait de la plus entière liberté, n'étant assisté d'aucun réglement, d'aucune instruction administrative. L'étalonnier devait s'engager à conserver et à consacrer pendant deux ans à la reproduction, l'étalon qui avait été primé au Concours départemental, et comme cet étalon avait été acheté à l'âge de deux ou trois ans, qu'il ne pouvait être admis au Concours qu'à quatre ans, lorsqu'il en avait six, c'est-à-dire à l'époque de toute sa beauté, de toute son énergie, quand il aurait fallu le conserver au prix des plus grands sacrifices, il devenait libre, et lorsqu'il était d'une construction *irréprochable*, l'étranger nous l'enlevait. L'étalonnier, incessamment poursuivi par la crainte que le moindre accident vînt diminuer sa valeur, écoutait la voix de la *prudence et son intérêt* ; il cédait le type qu'il possédait et avec lui disparaissait tout espoir d'amélioration : et on le comparait à l'ignorant et au maladroit qui brise le moule et anéantit le chef-d'œuvre.

» Puis, on ajoutait encore, qu'il ne fallait pas croire que l'étalonnier abandonnait son industrie parce qu'il s'était défait de son cheval ; tant qu'il le possédait, il le conservait avec soin pour lui conserver toute sa valeur; il le ménageait, le mettait sous verre, et servait particulièrement à attirer la clientèle : l'étalonnier possédait, en outre cinq ou six étalons de qualité très-médiocre qui venaient inévitablement féconder les juments sous le couvert du certificat accordé à leur camarade. On voyait donc que l'étalonnier n'était dominé ni par une pensée d'utilité publique ni par le désir d'améliorer l'espèce, qu'il faisait un commerce, qu'il était dirigé par son intérêt, et que la prime au lieu d'être employée avec discernement au profit des éleveurs, servait tout simplement d'enseigne aux étalonniers. Enfin, l'on terminait en disant qu'il avait été démontré que plusieurs fois des étalons et leurs propriétaires belges, s'étaient donnés, pour obtenir la prime, simplement la peine de traverser la frontière et de demeurer quelques heures parmi nous; que le lendemain du jour du Concours au moment où on se félicitait de ses résultats, ils s'en retournaient dans leurs pays emportant notre argent, et que le résultat inévitable de la journée avait été pour nous une mystification. »

Prouvons d'abord que la première raison n'est pas admissible et nous réfuterons ensuite et successivement les autres, puis nous rétablirons les faits.

Comment, en 1838, une somme de 8,000 fr. aurait été portée au budget départemental pour primes à accorder *aux juments et jeunes poulains* et les résultats des Concours n'ayant pas été satisfaisants en 1839, on décida qu'il y aurait un Concours des sept arrondissements et que les primes seraient accordées désormais à la reproduction ?

Mais alors c'était donc pour récompenser le fait accompli que cette somme avait été inscrite au budget départemental, et non en vue d'une amélioration future? Sinon on eut maintenu cette allocation pendant plusieurs années consécutives pour connaître ses résultats qui ne pouvaient être appréciés, au plus tôt qu'en 1840, puisque la somme ayant été allouée en 1838 pour être dépensée avant septembre 1839, et l'époque de la monte ayant lieu ordinairement du 1er février au 30 juin et la gestation étant d'environ onze mois, il a été impossible d'apprécier les qualités de poulains qui n'étaient pas encore nés.

Puis, a-t-on dit encore, « Le mode de reproduction n'ayant produit que des résultats illusoires, on l'abandonna (1840) on réduisit le nombre des Concours de 7 à 3, le chiffre de l'allocation de 8,000 à 3,000 fr., puis ensuite on fixa le nombre des Concours à 2, puis à 4, puis encore à 2. »

Qu'est-ce que cela prouve ? Sinon qu'aucun but certain n'étant bien arrêté, ni déterminé à l'avance, les étalonniers pas plus que les éleveurs ne pouvant compter sur rien de fixe ont agi pour le mieux de leurs intérêts, et ils ont eu raison ! et pourquoi auraient-ils fait autrement ? où sont donc les exemples de désintéressement ou de sacrifices que l'industrie et le commerce s'imposent en faveur de l'intérêt général et que l'on aurait pu citer aux cultivateurs pour les engager à les imiter ?

D'après ce que l'on a dit du cheval corneur de Valenciennes qui valait 50 écus et avait obtenu 90 fr. de prime et aussi des 14 étalons d'Hazebrouck, il semblerait, au premier abord, qu'il n'y avait que des *rosses* pour étalons dans le département; et cependant on dit plus loin que « l'étalonnier achetait son étalon à l'âge de deux ou trois ans, qu'il ne pouvait être admis au Concours qu'à quatre ans, que quand il en avait six, à l'époque de toute sa beauté et de son énergie alors qu'il aurait fallu le conserver à tout prix, lorsqu'il était d'une construction irréprochable, l'étranger nous l'enlevait, parce que l'étalonnier incessamment poursuivi par la crainte que le moindre accident vint diminuer sa valeur, écoutait la voix de la prudence et de son intérêt et cédait le type qu'il possédait. »

Alors donc il y avait des types dans le département, puisque les choses se passaient ainsi : qu'ils ne figurassent pas dans les Concours, cela se comprend, puisqu'un étalon primé ne pouvait plus être admis à reconcourir qu'après deux ans, bien que l'étalonnier était tenu de le conserver et de le consacrer à la reproduction pendant ce temps ; mais le propriétaire ne voulait pas prendre pareil engagement pour une prime relativement minime (400 fr. *la première* et 300 fr. *la deuxième.*)

» Mais que l'on ne croit pas que l'étalonnier abandonnait son industrie parce qu'il s'était défait de son cheval ; tant qu'il le conservait il le gardait avec soin pour lui conserver toute sa valeur, il le ménageait, le mettait sous verre et servait particulièrement à attirer la clientèle. Puis, l'étalonnier possédait encore 5 ou 6 étalons de qualité très-médiocre qui venaient inévitablement féconder les juments sous le couvert du certificat accordé à leur camarade. » Donc encore une fois, il y avait de bons étalons et si un éleveur consentait à faire saillir ses juments par un étalon de qualité médiocre, c'est qu'il le voulait bien. Du reste, le remède à ce mal consistait a supprimer les étalons rouleurs, les autres devant appartenir aux haras ou être primés ou approuvés.

Quant au fait de la fécondation de juments par ces étalons, sous le couvert du certificat donné à leur camarade, on nous a assuré que pour les mêmes motifs que ceux énoncés plus haut, et pour d'autres entièrement opposés, les choses se passent de même aujourd'hui avec les étalons départementaux : Qu'il arrive parfois que là où il y a un de ces reproducteurs avec d'autres libres, les éleveurs vont faire saillir leurs juments par ces derniers, et font porter la saillie sur le registre à souche destiné à constater le nombre de celles faites par les étalons du département ; qu'en agissant ainsi, ils n'ont d'autre but que de pouvoir présenter leurs juments et les produits dans les concours, et aussi l'espoir *peut-être* de vendre ces derniers un peu plus cher à ceux que peuvent encore séduire ces certificats de paternité.

Relativement aux étalonniers et aux étalons venant de la Belgique, et s'en retournant aussitôt après le Concours, l'un portant l'autre, l'un chargé de lauriers, l'autre chargé de notre argent, nous avons peine à comprendre que si cela a eu lieu, cela ait pu être renouvelé plusieurs fois en présence de l'engagement que l'on faisait prendre aux étalonniers de conserver leurs animaux primés et de les consacrer à la reproduction pendant deux ans. Dans tous les cas, c'était une fraude qu'il devait suffire de signaler une fois pour en empêcher le retour.

Rétablissons maintenant les faits tels qu'ils se sont passés.

Il paraît qu'avant 1838, le Conseil général a voté pendant quelques années une allocation de 8,000 fr. pour amélioration de l'espèce chevaline, et qu'ensuite cette allocation fut supprimée. Nous ne savons rien sur l'année où elle eut lieu, ni sur celle de sa suppression, pas que plus sur la manière dont cette somme était distribuée que sur les causes qui la firent supprimer.

Mais, en 1838, M. le Préfet, ayant proposé d'allouer au budget départemental de 1839 une somme de 8,050 fr. à titre d'encouragement pour l'élève des chevaux à répartir :

1° En 14 primes de 200 fr. aux étalons, à raison de 2 par arrondissement, ci. . . . . 2,800 fr.

2° En 70 primes de 75 fr. aux juments, à raison de 10 par arrondissement, ci. 5,250
                                                                      ─────
                                                                      8,050

La question de récompenser les juments fut repoussée parce que, dit-on, celles du pays se distinguaient en général par des qualités excellentes, et on décida qu'il serait décerné deux primes de 300 fr. par arrondissement, en tout 4,200 fr., aux meilleurs étalons consacrés à la reproduction.

En 1839, sur un rapport tendant à faire continuer l'allocation de 4,200 fr. au budget départemental de 1840, on la maintint pour la délivrance dans chaque arrondissement de deux primes de 300 f. aux meilleurs étalons, ces primes ayant été distribuées en 1839, sauf dans l'arrondissement d'Hazebrouck, où il n'avait été présenté *qu'un seul étalon dépourvu des qualités requises.*

En 1840, les primes n'ayant rien produit, dit-on, dans les arrondissements d'Hazebrouck, Cambrai, Douai et Valenciennes, on n'inscrivit plus au budget de 1841 qu'un crédit de 3,000 fr. pour être réparti entre les arrondissements d'Avesnes, Dunkerque et Lille, en une prime de 400 fr. et deux primes de 300 fr. aux meilleurs étalons.

En 1841, allocation de 3,000 fr. pour être répartis en primes départementales comme l'année précédente.

Arrêté de M. le Préfet, par lequel les étalonniers étaient tenus de conserver et consacrer à la reproduction dans le département, pendant deux ans, les étalons primés.

En 1842, on demande que tous les arrondissements puissent prendre part aux Concours, et que ces Concours aient lieu dans chaque arrondissement, au lieu d'être tenus constamment à Lille.

1843. Nouvelle allocation de 3,000 fr., pour être répartis en primes entre les arrondissements d'Avesnes, Dunkerque et Lille, plus une prime de 500 fr. pour l'arrondissement d'Hazebrouck.

En 1844. Constatation d'amélioration dans les étalons présentés aux Concours. M. le Préfet propose de porter le chiffre de la première prime à 1,000 fr. Allocation de 3,500 fr.

1845. Nouvelle constatation d'amélioration; il a été présenté 10 chevaux à Avesnes, 6 à Lille, 5 à Hazebrouck et 4 à Dunkerque : en tout 25. Allocation de 3,500 fr.

1846. Allocation de 3,500 fr. 14 étalons ont été présentés au Concours à Avesnes, 5 à Dunkerque, 5 à Lille et 5 à Hazebrouck. En tout 29.

1847. Allocation d'un crédit de 2,500 fr. seulement pour primes aux étalons, mais aussi allocation d'un crédit de 1,000 fr. pour établissement de courses de chevaux à Lille.

Cette diminution dans l'allocation paraît devoir être attribuée au directeur du haras d'Abbeville, M. Des Mazis qui, ayant fait partie du jury du Concours, aurait dit : « Que l'ensemble des trois Concours de Bailleul, Dunkerque et Lille avait été peu satisfaisant ; qu'il était fâcheux qu'un département si richement doté sous le rapport de la race de gros trait, fut aussi mal partagé en étalons ; que le Concours de Dunkerque devenait chaque année de plus en plus mauvais; que cet état de choses devait donner des inquiétudes ;

qu'il était impossible qu'avec des chevaux semblables, la belle espèce de chevaux de Bergues, de Dunkerque et de Bourbourg ne finît par se perdre. »

Et c'était sans doute pour arrêter cette décadence, qu'au lieu d'augmenter la somme modique qu'on allouait chaque année pour primes aux étalons, on la diminuait de près d'un tiers !

Cette même année, Avesnes avait produit au Concours 16 étalons, Dunkerque 7, Hazebrouck 3, Lille 5. En tout 31.

En 1848, le même directeur pense qu'il faut maintenir les primes aux étalons et en augmenter le chiffre. « Le système des primes aux étalons paraissant être le meilleur, il faut, dit-il, ajouter à son efficacité par l'augmentation des primes et la réduction du nombre des Concours, l'un serait pour les arrondissements de Dunkerque, d'Hazebrouck et Lille, l'autre pour Avesnes, Cambrai, Douai et Valenciennes. » Cet avis fut adopté, et on inscrivit au budget départemental une somme de 3,500 fr. pour être répartie dans l'un et l'autre de ces Concours en trois primes savoir : 1° 700 fr. et une médaille d'argent de 30 fr. 2° 600 fr. et une médaille d'argent de 20 fr. 3° 400 fr. sans médaille.

Faisons remarquer que, d'autre part, on demande que les Jurys soient à l'avenir présidés par un membre du Conseil général et composés de cultivateurs-éleveurs.

En 1849, suivant le même directeur « Les moyens employés jusqu'ici auraient été insuffisants, et indépendamment des primes décernées aux étalons particuliers, il faudrait que le département fit acheter un ou plusieurs étalons pour suppléer à *l'insuffisance des haras*. Ce mode permettrait de rassembler un certain nombre d'étalons précieux à opposer aux animaux nuisibles qui sont souvent consacrés à la reproduction. Ce système n'exigerait qu'une première mise de fonds *peu considérable*. »

A cela on répondit que sans contester l'utilité du projet, on ne croyait pas cependant devoir engager le département dans de trop fortes dépenses pour arriver à se substituer à l'industrie privée ;

qu'il y avait inconséquence dans le système proposé à continuer l'allocation des primes aux propriétaires, tout en leur faisant *concurrence* avec des étalons achetés; que l'un ou l'autre mode devait être adopté, et qu'il paraissait convenable de persister au moins pendant quelques années, dans la voie où le département était alors engagé afin de voir si l'industrie largement encouragée, ne se mettrait pas en mesure de fournir au pays de très bons reproducteurs; que cette opinion était conforme à celle d'une Commission qui avait fait sur cette question un rapport remarquable à M. le ministre de l'Agriculture et qui était d'avis qu'il fallait s'attacher à développer l'industrie privée par l'appât de fortes primes.

Un crédit de 4,000 fr. fut inscrit au budget départemental, car l'on ajouta pour le Concours de Valenciennes, qui avait été plus suivi, une prime de 300 fr. en plus, et le premier prix fut ainsi porté de 700 fr. à 900 fr.

En résumé constatons que, dans cette période, le système des primes, malgré son peu d'importance comme valeur, (1) vu les obligations imposées aux étalonniers dont les animaux étaient primés, était en voie d'améliorer les étalons, comme cela résulte de constatations faites à la suite de plusieurs Concours ; qu'à partir de 1847 l'administration des haras commence à faire sentir son influence ; que n'ayant pu parvenir à prendre pied dans nos campagnes, elle cherche à y arriver en substituant à son action directe celle du département, et qu'elle atteint ce but en 1850.

ANNÉE 1850. — Voyons maintenant quels motifs on a fait valoir en faveur de la création de l'institution des étalons départementaux :

« L'administration des haras, a-t-on dit, avec son budget mal-

---

(1) Le montant des primes votées en 12 ans s'élève à 41,700 fr., en moyenne chaque année pour le département 3,400 fr. et 485 fr. 71 c. environ pour chaque arrondissement.

heureusement trop restreint, nous envoie des étalons en petite quantité.

» Chacun sait qu'il est trois conditions indispensables pour constituer un bon reproducteur: le sang, la race d'abord, l'energie ensuite, enfin la configuration; il y a plus, c'est que parfois l'étalon le plus beau, du sang le plus noble, par un de ces caprices inexplicables de la nature donne des produits très médiocres. Il est donc important de connaître les ascendants et les descendants de l'étalon qu'on emploie comme reproducteur, de savoir le degré de puissance et d'énergie de ses produits, d'étudier leur construction, afin de modifier les alliances, c'est ce qui constitue et continue les races, leur donne une valeur, les fait rechercher, en doublant parfois leur prix commercial.

» Ce sont ces soins, ces attentions de tous les moments qui ont créé cette race de chevaux anglais admirés du monde entier. Les Allemands, les Américains ont fait de même.

» Chez nous, avec l'emploi du système de primes, rien de tout cela ne se fait. Le coup-d'œil une fois donné tout est dit; nous abandonnons les deux principales questions au hazard; nous restons immobiles ou nous marchons à l'aventure, et notre manière de procéder a pour résultat de tromper le cultivateur.

» L'industrie privée ne pourra jamais posséder le type reproducteur, même avec le secours de la prime; ses forces ne le lui permettent pas; cela est la conséquence de la division des fortunes et de la propriété en France et dans notre département surtout.

» L'intervention des départements, mais une intervention sérieuse et intelligente, est donc indispensable pour conserver et améliorer les races qui leur appartiennent plus spécialement.

» Les départements doivent faire aujourd'hui en faveur de la petite culture et pour améliorer leur race, ce que, dans leur intérêt, les seigneurs riches faisaient sous la féodalité, ce que fait encore aujourd'hui, l'aristocratie anglaise.

» On s'est longtemps figuré en France qu'on s'occupait particulièrement de l'amélioration de la race chevaline pour satisfaire les goûts et la vanité de quelques personnes de la classe aisée de la société.

» C'était une erreur.

» Depuis, on a reconnu que cette question touchait directement à notre puissance nationale, à nos intérêts agricoles ; on s'est efforcé de lui donner une louable impulsion. Eh bien, malgré cela, aujourd'hui encore, nous allons demander, par an, plus de 25,000 chevaux à l'étranger ; et, s'il convenait à la nation de passer du pied de paix au pied de guerre, il nous en faudrait plus de 50,000. La question seulement est de savoir où nous irions les chercher.

» C'est donc un devoir d'imiter l'exemple des départements voisins qui s'efforcent d'aider le cultivateur à fournir à la consommation et à l'armée les 25,000 chevaux que nous demandons au dehors. Si nous ne faisons pas de même, on laissera établir à notre porte une concurrence fatale à nos intérêts agricoles ; on jettera le découragement parmi les éleveurs, et on ruinera l'industrie et le commerce de l'espèce chevaline dans nos contrées : on fera plus, on portera, dans un temps donné, un coup funeste à notre agriculture ; car chacun sait que la clef de voûte de toute exploitation agricole, ce sont les bestiaux et les chevaux en font partie.

» Tous ces motifs doivent engager à abandonner ce système de doute et d'hésitation *(les primes)* qui n'a jamais rien produit, qui ne produira jamais rien, et qui jusqu'à ce jour a fait dépenser, sans aucun profit, des sommes énormes au département (41,700 *fr.* en 12 *ans*).

» Lorsqu'on possédera d'une manière permanente le type reproducteur, jusqu'au moment où on aura relevé nos races de l'abâtardissement où elles sont tombées, on pourra suivre les progrès que fera l'amélioration. On sauvera d'une perte certaine, la belle race de trait et de pas que nous possédons peut-être exclusivement, qu'on vient nous chercher de cent lieues à la ronde, et qui est connue sous le nom de race de Bourbourg.

»On permettra à l'éleveur de la circonscription de Valenciennes de fournir à l'armée et à la consommation sa part des chevaux achetés à l'étranger, car chacun sait, qu'avec un peu de soins, on peut faire de bons et magnifiques élèves dans les campagnes de Condé, Bavai, Le Quesnoy, Avesnes, Maubeuge, Solre-le-Château, Maroilles, et autres.

» Il faut demander au Conseil général 1,000 fr. pour instituer des courses dans le département.

» En entrant avec confiance dans la voie indiquée, on sortira de l'obscurité dans laquelle on est plongé et où on se débat vainement depuis longtemps. »

En conséquence, une allocation de 12.000 fr. eut lieu pour achats de 4 étalons, qui furent faits par l'entremise de l'administration des haras et placés à Valenciennes, Lille, Bourbourg et Avesnes en 1851.

C'étaient *Henriot* qui avait coûté 3,000 fr. et était assez apprécié.

Nicolas qui avait été payé 2,500 fr. et a soulevé tant de réclamations, que M. le Ministre de l'agriculture fut prié de le reprendre.

Blandecque qui, quoiqu'assez bon étalon, n'était pas le type du cheval qu'avait demandé la Commission hippique de Bourbourg ; il avait été acheté 1,820 fr. à Saint-Omer, pour remplacer *Fécamp* dont on n'avait pas voulu parce qu'il n'avait que *trois ans* et était *beaucoup trop jeune*.

Confidence était, à ce qu'il paraît, un assez beau cheval qui avait coûté 7,575 fr. en Angleterre, mais il avait le défaut d'avoir la respiration trop *bruyante* (pour ne pas dire qu'il cornait probablement); et c'est pour cette raison très-probablement aussi que l'administration des haras qui l'avait payé ce prix l'avait cédé au département moyennant la somme de 4,696 fr.

M. le Ministre fut aussi prié de reprendre *Confidence*, et de l'échanger contre deux chevaux de race percheronne.

On décida malgré ces quelques désagréments, qu'on suivrait encore le même système, c'est-à-dire que les chevaux de luxe seraient améliorés par les haras, que le département améliorerait les chevaux de trait léger par les étalons *percherons*, que toutes les Commissions hippiques sans exception avaient demandés ; et que la reproduction des chevaux de gros trait resterait livrée à l'industrie privée ; on inscrivit à cet effet au budget départemental un crédit de 12,000 fr. pour l'achat de 4 nouveaux étalons de race *percheronne*.

1852. — L'administration des haras, en présence des observations critiques auxquelles les achats antérieurs avaient donné lieu, ayant refusé de se charger des acquisitions nouvelles et de leur entretien, celles-ci n'ont pu être faites.

On décida alors que les étalons qui seraient achetés seraient placés chez les cultivateurs qui seraient chargés de les entretenir et de les livrer à la monte pendant un temps déterminé, passé lequel, ils deviendraient leur propriété ; ces cultivateurs devraient rembourser la moitié du prix d'achat, si, par leur faute, les étalons devenaient impropres au service, avant l'expiration du délai.

Allocation d'un crédit de 4,000 fr. au budget de 1853, qui, avec celui de 12,000 fr. non employé pour 1852, forme un total de 16,000 fr. suffisant pour acheter cinq étalons ce qui portera à sept le nombre des étalons appartenant au département.

1853. — Aucune acquisition n'ayant été faite depuis deux ans, on décida que M. le ministre serait prié de consentir à ce que l'acquisiton des étalons départementaux fut faite par MM. les Agents de l'administration des haras ; que si l'administration se refusait encore (ce qui eut lieu) à subvenir à l'achat et à l'entretien des étalons départementaux, M. le Préfet était prié de s'entendre avec des Membres du Comice agricole de l'arrondissement de Lille pour opérer ces acquisitions.

Ici s'arrête l'action de l'administration des haras; cette institution des étalons du département, qu'elle avait demandée, qui devait être si féconde, qui devait relever nos races de l'abâtardissement, on la lui confie pour ainsi dire, on la charge de fournir elle-même ces étalons types précieux qui devaient suppléer à son insuffisance, et dès la première année sur cinq qu'elle présente, trois sont refusés, et elle est obligée de les reprendre.

Voyons ensuite :

1854. — Le 17 janvier paraît l'arrêté suivant de M. le Préfet, concernant le placement des étalons chez les cultivateurs.

Art. 1er. — Les étalons achetés ou qui seront achetés au compte du département, pour l'amélioration de la race de chevaux, seront placés chez les propriétaires ou cultivateurs qui présenteront, sous le rapport de la probité, de la fortune, des connaissances agricoles et hippiques, les garanties suffisantes.

Art. 2. — Le placement sera fait chaque année, d'après les demandes qui nous auront été adressées avant le 15 novembre.

Art. 3. — Les demandes seront écrites sur papier timbré, et accompagnées d'un certificat du Maire de la commune du domicile du demandeur, attestant sa solvabilité et sa capacité sous le rapport des soins à donner aux étalons.

Art. 4. — La durée du service de chaque étalon est fixée à six années. Cependant, si pendant les deux premières années il était reconnu que l'étalon, par une cause quelconque, fut jugé ne pas convenir à la station dans laquelle il est placé, le Préfet, sur le rapport de la Commission hippique de l'arrondissement, pourra changer l'étalon de station.

A l'expiration du délai de six années, l'étalon deviendra la propriété exclusive du dépositaire.

Art. 5. — Le preneur sera tenu au paiement des frais de conduite et d'entretien depuis l'époque d'achat par le département, jusqu'au jour où il lui sera livré.

ART. 6. — Les concessionnaires d'étalons départementaux s'interdisent la faculté de posséder d'autres étalons qui ne seraient point autorisés par les Commissions hippiques.

ART. 7. — Ils s'engagent à faire soigner d'une manière convenable les étalons qui leur seront confiés, en suivant le mode adopté dans les haras impériaux. Ils seront tenus de se conformer en outre aux dispositions d'une instruction dont il leur sera remis un exemplaire.

ART. 8. — En cas de maladie d'un étalon, le détenteur en donnera immédiatement avis au Sous-Préfet ; le détenteur sera tenu de faire soigner l'étalon à ses frais par un vétérinaire breveté, qui dressera un rapport constatant l'état du cheval, la nature et les causes de la maladie. Ce rapport sera adressé au Sous-Préfet pour être immédiatement remis au Préfet. S'il y a lieu, un vétérinaire sera désigné pour contrevisiter l'étalon malade.

ART. 9. — Le détenteur est responsable de tous les cas qui auraient pour cause son incurie, sa négligence, son imprévoyance ou les mauvais traitements envers l'étalon qui lui serait confié.

ART. 10. — Dans le cas où l'étalon deviendrait, par le fait du détenteur, impropre au service avant l'expiration du délai de six années ci-dessus fixé, le détenteur remboursera au département moitié du prix d'achat.

Le détenteur ne sera pas tenu des accidents et maladies arrivés par cas fortuits, et dont l'existence aura été légalement constatée en temps opportun.

ART. 11. — Le service de la monte aura lieu chaque année du 1er février au 30 juin. L'étalon pourra être employé aux travaux agricoles, après l'époque de la monte.

ART. 12. - L'étalon pourra faire chaque année le saut de 70 juments au moins. Ce nombre pourra être porté jusqu'à cent si le cheval est en bon état.

ART. 13. — Le saut d'une jument pourra comporter trois saillies s'il est nécessaire; le prix de la saillie complète est de cinq francs qui appartiendront à l'étalonnier.

Art. 14. — Le dépositaire tiendra un registre à souche, conforme au modèle qui lui sera remis, où seront inscrites les saillies.

Ce registre sera coté et paraphé par le Sous-Préfet de l'arrondissement.

Le dépositaire adressera au Préfet, chaque année, au 1er août, un extrait de ce registre certifié exact par le Maire. Il délivrera en outre des certificats de monte détachés du registre aux propriétaires des juments saillies qui en feront la demande; ceux-ci seront tenus de faire connaître, tant au dépositaire de l'étalon qu'au maire de leur commune, si leurs juments ont produit et quels sont le sexe et la robe des poulains obtenus.

Art. 15. — Il sera facultatif à l'étalonnier de se transporter à domicile pour la saillie des juments si le besoin du service l'exige.

Art. 16. — Les détenteurs d'étalons départementaux devront, autant que possible et si la distance n'est pas trop considérable, présenter les animaux qui leur sont confiés aux Concours régionaux de reproducteurs.

Art. 17. — L'administration se réserve la faculté de faire vérifier chaque fois qu'elle le jugera convenable, par un inspecteur spécial, l'état des étalons départementaux.

Art. 18. — Le présent arrêté sera inséré au Recueil des Actes administratifs de la Préfecture, il en sera remis un exemplaire à chaque dépositaire d'étalons.

Signé : BESSON.

Et à la date du 4 février de la même année, nous voyons la circulaire suivante adressée aux Maires des communes du département :

Messieurs,

« Pour satisfaire au vœu exprimé par le Conseil général dans sa dernière session, j'ai décidé que les étalons achetés au nom du département seraient placés chez des propriétaires ou cultivateurs :

» J'ai l'honneur de vous transmettre la liste des personnes auxquelles ces étalons ont été confiés :

Vol-au-Vent, à M. Piéraert, cultivateur à Dourlers, arrondissement d'Avesnes.

Belle-Face, à M. Coursier, cultivateur à Honnecourt, arrondissement de Cambrai.

Robert, à M. Deligny cultivateur et maître de poste à Douai.

Soldat-Laboureur, à M. Laurent-Duystelle, cultivateur à Dunkerque.

Joli-Cœur, à M. J.-B. Lombaert, cultivateur à Hazebrouck.

François, à M. Descamps, cultivateur à Herrin, arrondissement de Lille.

Bon-Espoir, à M. Fontaine, cultivateur à Trith-Saint-Léger, arrondissement de Valenciennes.

» Tous ces étalons sont remarquables par leur vigueur et leurs formes, et possèdent les qualités les plus propres à améliorer les races de chevaux. Ils méritent de fixer particulièrement l'attention des éleveurs.

» Le prix de la saillie de chaque jument a été fixé à 5 francs, par l'art. 13 de mon arrêté du 17 janvier dernier.

» Vous trouverez ci-après, Messieurs, un état indiquant la composition des stations établies dans le département par les dépôts de Braine et d'Abbeville. Ces stations comprennent 18 étalons choisis dans les meilleures races et présentent un ensemble des plus satisfaisants.

» Les étalons impériaux, comme ceux achetés par le département, offrent à l'industrie chevaline les plus précieuses ressources; et, si on y ajoute les étalons autorisés par les commissions hippiques, dont la liste sera publiée prochainement, les éleveurs repousseront certainement les étalons rouleurs non approuvés ni autorisés qui abâtardissent les races et ne produisent que des produits informes et sans valeur, aussi bien pour la remonte de l'armée que pour le commerce.

» Je vous recommande donc, Messieurs, de ne négliger aucun soin pour éclairer les propriétaires et cultivateurs sur leurs véritables intérêts, et j'attends de vos instances les meilleurs résultats.

» Veuillez agréer, etc.   *Signé :* Besson. »

(Suit la composition des stations d'étalons dans le département du Nord pour l'année 1854.)

En août 1855 paraît le tableau des saillies de l'année ainsi que de celles faites en 1854, et s'élevant à 1,003. On ajoutait « qu'il paraissait que les résultats étaient dans la proportion des deux tiers au moins ; que quelques-uns des produits s'étaient avantageusement vendus, et que ce fait était une garantie pour l'avenir. »

Faisons remarquer que ce n'était que des produits de 1854, âgés seulement de 7 à 8 mois, qu'il pouvait être ici question, attendu que ceux de 1855 n'étaient pas encore nés, et que les étalons départementaux n'ayant été livrés à la reproduction qu'en 1854, il était conséquemment impossible de savoir déjà, en 1855, quelles seraient les qualités de force et d'énergie qu'ils transmettraient à leur descendance ; signalons, en outre, qu'à cette époque, et même avant, les prix des chevaux et des poulains tendraient à s'élever tous les jours de plus en plus.

Allocation d'un nouveau crédit de 10,000 fr.

En 1855 aussi eut lieu à Lille un Concours départemental d'animaux reproducteurs, auxquels furent appelés les étalons de l'industrie privée. Voyons ce qu'en dit M. Loiset, (1) qui en a fait le rapport : « 13 étalons y furent exhibés, parmi lesquels celui appartenant à M. Mahieu, cultivateur à Capellebrouck, *le Fleury*, âgé de 4 ans, gris argenté, issu de la sous-variété dite de Bourbourg,

---

(1) Voir *Archives de l'agriculture du Nord de la France*, année 1855, page 599.)

a remporté tous les suffrages. Par son origine et ses formes, il fait transition entre les chevaux boulonnais et les chevaux flamands; il emprunte des premiers le fond et la légèreté, et des seconds le développement indispensable pour l'usage du gros trait. Il forme, par cet ensemble, un des types les plus heureux pour l'amélioration de la race chevaline, propre aux trois arrondissements composant l'ancienne Flandre française; aussi les juges du concours, indépendamment de la Prime de 400 fr. qu'ils ont accordée à son mérite, ont-ils voulu donner un témoignage de haute approbation, en y joignant, au lieu d'une *Médaille d'argent*, une *Médaille de vermeil*.

2e *Prime*. Le *Brillant*, 7 ans, gris truité, de race percheronne, appartenant à M. Piérart, de Dourlers, n'a pas les hautes qualités de l'étalon précédent, mais il n'en est pas moins un reproducteur de bon choix, bien étoffé et susceptible de donner de bons produits, parfaitement appropriés aux localités où il pratique la monte.

Il est décerné à son propriétaire la 2e *Prime* d'une valeur de 300 fr. *accompagnée d'une Médaille d'argent*.

3e *Prime*. — L'étalon appartenant à M. Crépy (Dieudonné) de Fegnies, âgé de 5 ans, sous poil gris pommelé, de race boulonnaise, et portant aussi le nom de *Brillant*, est très recommandable et peut rivaliser avec son homonyme précité. Il justifie parfaitement la *Prime* de 200 fr. *accompagnée d'une Médaille d'argent* que le jury lui a déférée.

Mentions honorables. — Le *Résolu*, 3 ans, gris de fer, de race boulonnaise, propriété de M. Coursier, étalonnier à Honnecourt, et le *Guilbert*, 5 ans, gris pommelé, aussi de race boulonnaise, appartenant à M. Marlière, étalonnier à Esnes, ont été signalés par le jury comme dignes de *Médailles de bronze*, à titre d'encouragement. »

Conséquemment, à cette époque, il y avait encore de bons étalons qui appartenaient à l'industrie privée.

Dans cette même année, M. Ghesthem, membre du Comice agricole de Lille, développait, dans la séance du 26 septembre, la proposition suivante, qui fut renvoyée à l'examen d'une commission :

« Attendu que les reproducteurs mâles des espèces chevaline et bovine, laissent, quant au nombre et à la qualité beaucoup à désirer dans l'arrondissement de Lille, je propose au Comice de nommer une commission chargée d'étudier les moyens de parer à cet important besoin de notre agriculture locale. »

1856. — Dans un tableau contenant les noms des étalons départementaux, nous en retrouvons 6 déjà connus, *François*, *Bon-Espoir*, *Vol-au-Vent*, *Belle-Face*, *Joli-Cœur*, *Soldat-Laboureur* et 5 nouveaux, l'*Homme-Bleu*, *Robert II*, *Solide*, *Fulton*, et *Brillant*.

« Parmi les étalons achetés, il y a 2 ans, *Robert* a dû disparaître pour cause d'accident ; 2 autres laissent à désirer, l'un ne donne presque pas de produits, et l'autre a pris un embonpoint qui nuit au service de la monte ; il faut les remplacer.

» Parmi les nouveaux, *Brillant* a fait 13 saillies, il n'est pas suffisamment bon, et l'on va en exiger le remplacement, attendu qu'il n'a été acheté que *conditionnellement*. »

Il ne nous semble pas que l'essai d'un étalon pendant toute une saison de monte, et sa remise ensuite au vendeur parce qu'il ne convient pas, doivent améliorer beaucoup les races, ni inspirer grande confiance aux éleveurs.

Néanmoins, allocation d'un crédit de 10,000 fr.

Voyons ce qui est dit au Concours départemental d'animaux reproducteurs. (Voir Loiset, *Archives de l'agriculture du Nord de la France*, page 610.)

« Un précieux enseignement résultait de la présence au Concours des deux classes d'étalons qui desservent presqu'exclusivement la reproduction chevaline du pays ; les étalons départementaux et ceux appartenant à des particuliers. On ne saurait contester que la comparaison de chacun de ces deux systèmes tant controversés ne soit un puissant moyen d'émulation, qui ne peut manquer de tourner au profit du perfectionnement de notre plus belle espèce domestique, et dès cette année nous avons pu constater que l'industrie privée en avait largement profité ; la meilleure preuve qu'on puisse en administrer, c'est que toutes les récompenses offertes par le programme aux étalons, se sont concentrées sur trois reproducteurs acquis depuis la dernière exhibition et appartenant au même étalonnier, M. CRÉPY, Dieudonné, à Fegnies, arrondissement d'Avesnes ; ce sont :

Le Thomas, étalon de 5 ans, de race boulonnaise qui a obtenu le

1er *Prix, Médaille d'argent et Prime de 400 francs.*

Le Jean, âgé de 5 ans, aussi de race boulonnaise, auquel il a été accordé le

2e *Prix, Médaille d'argent et Prime de 300 francs.*

Le Brillant, âgé de 6 ans, encore de race boulonnaise, auquel il a été décerné le

3e *Prix, Médaille d'argent et Prime de 200 francs.*

› Indépendamment des encouragements précédents, exclusivement réservée aux étalons de l'industrie privée, il a été accordé en faveur des étalons départementaux, les distinctions suivantes :

1° M. L. DUHAUT, à Péronne, pour l'*Homme-bleu,* étalon de 5 ans, de la race boulonnaise.

Une médaille d'argent, 1re *classe.*

2° M. DESCAMPS, à Herrin, pour le *François,* étalon de 7 ans de race boulonnaise.

Une médaille d'argent, 2e *classe.*

3e M. LOMBAERT, François, à Hazebrouck, pour *Joli-Cœur*, étalon de 5 ans, de race boulonnaise.

Une médaille d'argent, 3e classe.

4° M. MARLIÈRE-HUART, à Esnes, pour le *Fulton*, étalon de 5 ans, race du Hainaut.

Médaille de bronze.

L'industrie privée avait envoyé à ce Concours 12 étalons, et le département 10.

ANNÉE 1857.—Les chevaux de *gros trait*, dit-on, si répandus et si utilisés dans le département, ont atteint un prix comparativement plus élevé que celui des chevaux de luxe, et cette circonstance a déterminé un grand nombre de cultivateurs à se livrer à la reproduction de la race chevaline.

» Le besoin toujours croissant d'utiliser le cheval de trait et le peu de soin apporté généralement dans le choix des reproducteurs ont été de puissants motifs pour déterminer le Conseil-général à prendre la résolution qu'il a adoptée.

» Le département possède 15 étalons de *gros trait* répartis comme suit :

	Nombre d'Etalons.	Nombre de Juments.
Arrondissements de Lille	2	1,910
— Dunkerque	2	5,334
— Hazebrouck	2	1,590
— Douai	1	3,390
— Cambrai	3	2,150
— Valenciennes	1	5,848
— Avesnes	4	2,281
	15	22,422

On demande pour cette année le nombre d'étalons suivants :

« Arrondissement de Lille, 1 étalon en remplacement de *François* qui date de 1854.

»Arrondissement de Douai, 2 étalons dont un en remplacement de *Robert II* qui date de 1855.

» Arrondissement de Valenciennes, 2 nouveaux.

— Dunkerque, 2 dont un en remplacement de *Jean-Bart* qui date de 1856.

»En tout 7 étalons qui coûteront, en moyenne, 2,700 à 2,800 f. soit une somme de 19,250 fr., de laquelle on pourra défalquer approximativement,

Pour la reprise de *Robert II* . 1,500 »
— *François* . . 600 »
Comme provenant de la vente des étalons *Henriot* et *Blandecque* qui ont été remis par le Ministre . . . 2,033.70

} 4,133.70

(Nous avons vu qu'*Henriot* avait été payé 3,000 fr. et *Blandecque* 1,820 fr.)

» Le nombre des saillies a été cette année de plus de 2000 (ou en moyenne 133 par étalons.) » Allocation d'un nouveau crédit de 16,000 fr.

Plusieurs remarques sont à faire sur cette année dans laquelle s'opère le troisième changement dans la manière que l'on disait si bien arrêtée d'améliorer nos races, alors qu'on demandait la création de l'institution des étalons départementaux; la 1re période va de 1850 à 1853 inclusivement, et nous avons vu ce qu'elle a produit.

La 2e part de 1854. Nous avons vu qu'il avait été décidé que les chevaux de luxe devaient être améliorés par les haras, que le département améliorerait les chevaux de *trait léger* par les étalons *percherons* que toutes les commissions hippiques, *sans exception*, avaient demandés, et que la reproduction des chevaux de *gros trait* resterait livrée à l'industrie privée ; où sont donc ces conditions si bien arrêtées que l'on devait suivre pour relever nos races de l'abatardissement dans lequel elles étaient tombées ? où sont donc ces types reproducteurs de race, de sang ? où sont ces étalons percherons demandés par toutes les sociétés hippiques sans exception ?

Quel cas fait-on de l'art. 12 de l'arrêté préfectoral du 17 janvier 1854 qui fixe le nombre de sauts pendant l'époque de la monte qui est fixée du 1er février au 30 juin, à 70 au moins et à 100 au plus quand les étalons seront en bon état ?

Mais, constatons que l'institution a dévié du but qu'elle s'était proposé et qu'elle en est arrivée à son troisième changement, à venir faire concurrence à l'industrie privée dans la production des chevaux de gros trait, comme nous verrons qu'on l'avouera par la suite, après avoir échoué dans l'amélioration des chevaux de trait léger; et, dès-lors, on voit le nombre des étalons de l'industrie privée paraître chaque année en moindre nombre dans les Concours départementaux.

En effet, en 1857 eut lieu à Lille un Concours départemental d'animaux reproducteurs dans lequel figurèrent encore les étalons de l'industrie privée et ceux du département.

La 1re y avait envoyé 10 sujets, les seconds y figuraient au nombre de 12, parmi lesquels *quatre percherons*, d'après les déclarations faites au bureau d'enregistrement des animaux le jour du Concours.

Voyons ce qu'il en est dit dans les *Archives de l'Agriculture du Nord de la France*, année 1857, pages 303 et 304 (*Rapporteur du Concours* M.A.CHARLES). » Le Jury après avoir examiné avec le plus grand soin, les étalons du département, au repos d'abord, au pas et ensuite au trot, a décerné les distinctions suivantes :

M. CREPY, à Fegnies, pour l'étalon *Marceau*, de race boulonnaise.

Médaille de vermeil.

M. Blondé, Valentin, à Cassel, pour l'étalon *Le Brillant*, 5 ans, de la race boulonnaise.

Médaille d'argent, (G. M.)

M. Decrouet, à Briastre, pour l'étalon le *Séduisant*, 3 ans et demi, de race boulonnaise.

Médaille d'argent, (M. M.).

M. Darche, à Gognies-Chaussée, pour l'étalon le *Solide*, 6 ans de race boulonnaise.

Médaille d'argent (P. M.)

» Le Jury a procédé à l'examen des 10 étalons de l'industrie privée ainsi qu'il avait fait pour les précédents; il a remarqué avec plaisir les qualités qui distinguaient la plupart d'entre eux et il a décerné à M. Crépy, à Fegnies, pour l'étalon le *Jean*, âgé de 5 ans, qui a obtenu le 2e prix l'année précédente.

1er *Prix, Médaille d'argent et Prime de 400 francs.*

» M. Tassaert, à Cracywick, arrondissement de Dunkerque, pour le *Lion*, étalon de 3 ans et demi, de la race de Bourbourg.

2e *Prix, Médaille d'argent et Prime de 300 francs.*

» M. Piéraert, à Dourlers, arrondissement d'Avesnes, pour l'étalon l'*Amour*, âgée de 4 ans, de race percheronne.

3e *Prix, Médaille d'argent et Prime de 200 francs.*»

Si dans ce Concours ne figure plus l'étalon *Thomas*, lauréat de l'année dernière, nous ferons remarquer que M. Crépy se fait inscrire pour la première fois parmi les détenteurs d'étalons départementaux et que c'est à lui qu'on confie celui qui obtient la première distinction.

Année 1858. — Le département possède 19 étalons parmi lesquels *Vol-au-vent*, *Soldat-Laboureur*, *Belle-Face* terminent leur cinquième année.

» *Vol-au-vent*, *Soldat-Laboureur* qui datent de 1854, *Fulton* de 1856, et *Coquelicot* de 1857, laissent à désirer pour diverses causes. Il est indispensable de remplacer *Fulton* et *Vol-au-vent* tous deux mis à la réforme, et utile de pourvoir au remplacement de *Soldat-Laboureur* et de *Belle-Face* dont le temps de service expire en 1859, enfin une soulte est nécessaire pour faire échanger l'étalon *Coquelicot*.

» Une Commission de trois Membres du Conseil général est chargée de donner son avis sur les achats des étalons départementaux.

» Allocation d'un crédit de 12,000 fr.

Nous extrayons ce qui suit du rapport sur le Concours départemental de '858. (*Archives de l'Agriculture du Nord de la France*, année 1858, pages 189 et suivantes, M. A. Charles, rapporteur.)

» Les étalons du département y figurent au nombre de 8, dont 7 de la race de Bourbourg et 1 de race percheronne.

» Le Jury après les avoir examiné avec le plus grand soin au repos, au pas et au trot a décerné les distinctions suivantes :

M. Fontaine, à Trith-Saint-Léger, arrondissement de Valenciennes, pour *Bon-Espoir*, étalon de race percheronne, âgé de 8 ans.

Médaille de vermeil.

M. Blondé, Valentin, pour l'étalon le *Brillant*, même distinction que l'année précédente.

Médaille d'argent. (G. M.)

M. Duhaut, à Péronne, pour l'*Homme-Bleu*, qui a obtenu la première distinction en 1856.

(Médaille d'argent, m. m.)

M. Cuillerez, Georges, arrondissement d'Avesnes, pour le *Rigolo*, étalon âgé de 6 ans, de la race de Bourbourg.

Médaille d'argent, (P. M.)

» Les étalons de l'industrie privée, au nombre de 9, se divisaient par rapport à la race, comme suit : Bourbourienne 4, boulonnaise 3, percheronne 1, bretonne 1. Les qualités qui les distinguaient, pour la plupart, ont frappé le Jury : toutefois, obéissant à la mission qu'il avait de n'encourager que le progrès, il a décerné les récompenses suivantes :

» M. Crépy, à Fegnies, pour l'étalon le *Jean*,

Une Médaille d'or et Rappel des prix obtenus en 1856 (le 2e) et en 1857 (le 1er).

» M. Clément, à Grande-Synthe, arrondissement de Dunkerque pour le *Napoléon*, étalon âgé de 5 ans, de la race de Bourbourg.

2e Prix, Médaille d'argent et Prime de 300 francs.

» MM. Tassaert Frères, à Craywick, pour l'étalon le *Lion*,

Une Médaille d'argent et Rappel du 2e prix obtenu en 1857. »

Année 1859. — « L'amélioration de la race chevaline étant, dit-on, un intérêt du premier ordre qui importe à la fois à l'Agriculture et à la défense du pays, l'on avait pensé que cet intérêt serait satisfait, d'une part, en appelant sur tous les points du département des stations des haras de l'État; d'autre part, en excitant par de *larges* primes l'industrie privée des étalonniers.

(*Nous avons vu plus haut en quoi consistaient ces larges primes.*)

» L'attente a été trompée des deux côtés.

» Il fut constaté que le pur sang anglais était impropre à améliorer nos chevaux de gros trait et qu'il fallait demander des reproducteurs aux meilleures races analogues et particulièrement à la race percheronne. »

Disons un mot par rapport à la demande générale d'étalons percherons.

Sur les 10 étalons du département qui furent présentés au

Concours départemental d'animaux reproducteurs tenu, à Lille en 1856, 4 furent déclarés comme appartenant à cette race, c'étaient *Prolétaire, Bon-Espoir, Vol-au-Vent.*

Sur 12 déclarés dans les mêmes circonstances en 1857, figurent seulement 2 anciens, *Vol-au-Vent* et *Bon-Espoir;* 2 nouveaux, *Marceau* et *Fulton.*

Sur 8 présentés en 1858, il reste un ancien *Bon-Espoir* : pas de nouveau.

Sur 11 déclarés en 1860, un seul appartient à la race percheronne, C'est le *Marceau* de 1857.

En résumé, sur les 27 étalons du département qui ont figuré dans les Concours d'animaux reproducteurs tenus à Lille en 1856, 1857, 1858 et 1860, 5 seulement étaient de race *percheronne*, les autres appartenaient aux races boulonnaise ou de Bourbourg.(1)

Nous ne savons pas si, en outre des étalons percherons sus-désignés, le département n'en possédait pas d'autres, les documents que nous avons consultés ne nous renseignant pas à cet égard; dans tous les cas on peut conclure de ce qui précède que les Commissions hippiques, *sans exception*, qui réclamaient l'étalon percheron ont dû être peu satisfaites dans leur demande.

---

(1) Ces étalons étaient :

Prolétaire,	Joli-Cœur,	Rigolo,	Jean-Bart,
Solide,	Fulton,	Marceau,	Mercure,
Robert II,	Vol-au-Vent,	Prince-de-Berghes,	Porthos.
François,	Séduisant,	Partisan,	Passereau,
L'Homme-Bleu,	Belle-Face,	Projecteur,	Vauban,
Soldat-Laboureur,	Brillant,	Mars,	Cabry.
Bon-Espoir,	Coquelicot,	Robuste,	

V. *Archives de l'agriculture du Nord de la France,* année 1856, p. 618.
Idem.   id.   année 1857, p. 310.
Idem.   id.   année 1858, p. 200.

Nous n'ignorons pas que les chevaux que l'on appelle *chevaux du Perche*, proviennent pour un certain nombre de l'arrondissement de Dunkerque, du Boulonnais et même d'une partie de l'arrrondissement d'Hazebrouck ; mais il n'en est pas moins vrai que leur transplantation d'une contrée dans une autre, a pour résultat de leur faire acquérir, par la nourriture, le régime, le travail, les influences atmosphériques et climatériques, des qualités qui les rendent propres principalement à certains services qui exigent beaucoup de fatigue et de légèreté au trot, qualités qu'ils n'acquerraient pas ou qu'il n'acquerraient qu'à un degré beaucoup moindre si on les conservait dans leur pays natal.

» L'administration des haras ayant refusé de fournir des étalons de l'espèce réclamée, on prit le parti de fonder l'institution des étalons départementaux qui fonctionne depuis 7 ans. Cette mesure a amené sans doute *quelques mécomptes*, mais les études faites sur les besoins des localités et sur les meilleures conditions de placement des étalons permettent d'espérer que les avantages déjà produits ne feront que s'accroître. Ces avantages sont généralement appréciés ainsi que le témoignent les délibérations des Conseils d'arrondissement de *Lille* et d'*Hazebrouck*. (Les deux qui produisent peut-être le moins.)

» Toutefois, le Conseil d'arrondissement de *Dunkerque* (celui qui produit peut-être le plus), se rendant l'organe des Sociétés d'agriculture de Dunkerque et de Bourbourg, demande que l'on renonce à l'achat d'étalons départementaux et que les fonds soient affectés à l'industrie privée des étalonniers. L'on ne peut pas revenir à un système dont l'expérience a démontré l'inefficacité, (nous avons vu de quelle manière), et en persistant dans la voie nouvelle on ne craindra pas de jeter le découragement et le trouble dans l'industrie des étalonniers ; l'on croira plutôt leur donner un bon exemple et un stimulant, puisque c'est aux étalonniers que l'on confie les chevaux de *choix* que l'on achète.

» Nouveau crédit de 16,000 fr. »

De cette déclaration il résulte qu'il y a eu des mécomptes, notamment dans l'arrondisssment de Dunkerque, celui que, par son importance productive, l'on a dû sans doute chercher à contenter le plus ; Lille et Hazebrouck sont, dit-on, satisfaits ; nous verrons plus loin comment. (1)

On craindrait, en revenant au système des primes, de jeter le trouble et le découragement dans l'industrie des étalonniers; c'est sans doute des détenteurs d'étalons départementaux que l'on a voulu dire, car quant aux autres, c'est chose faite depuis 1850: cela ne fait que continuer et augmenter.

De plus, en confiant aux étalonniers les chevaux de choix que l'on achète, on ne fait qu'accélérer la disparition complète de l'industrie privée puisqu'on range ceux qui étaient le mieux à même de faire la concurrence parmi les privilégiés, en leur accordant les meilleurs des étalons du département, en leur enlevant toute chance de perte, et en leur allégeant la charge pour leur laisser les profits.

Mais examinons donc ce qu'étaient, ce que sont ces chevaux de *choix* dont on fait mention.

En 1859, le Concours départemental d'animaux reproducteurs fut tenu à Hazebrouck, le 17 septembre.

Le Jury était composé de MM.

Pommeret, vétérinaire, } délégués du Comice agricole de Lille.
Charles, —

Delaettre, — délégué de la Soc. d'Agr. de Dunkerque.
Derycke, propriét. cultivat. — — Bourbourg.
Dupont, avocat propriét. } — — Donai.
Deleplanque, vétérinaire,
Huart, vétérinaire, } — — Valenciennes
Courtin, propriét. cultivat.

---

(1) On nous assure qu'en 1860, la question de demander toute suppression d'allocation pour amélioration de la race chevaline a été agitée dans le sein du Conseil de l'arrondissement d'Hazebrouck.

Salomé, vétérinaire, délégué de la Société d'agricult. de Bailleul.
Lutun, cultivateur, — — Hazebrouck
Carlier, — — — —
Claudorez, — — — —
Declercq, vétérinaire, — — —
Dequidt, cultivateur, — — —
Lobbedez, vétérinaire, — — —

qui nommèrent pour président, M. Lutun, et pour rapporteur M. Lobbedez.

Six étalons de l'industrie privée furent présentés, et le Jury décerna à

MM. Tassaert frères, à Craywick. pour l'étalon le *Lion* qui avait obtenu le 2ᵉ prix à Lille en 1857 et le rappel du même prix en 1858.

Première prime 200 francs.

A M. Decrouet, à Briastre, pour l'étalon *Mars*.

Deuxième prime 100 francs.

Quatre étalons du département furent aussi amenés à ce Concours; sur la proposition de la Société d'agriculture d'Hazebrouck, il fut accordé à chacun des détenteurs une Médaille de Vermeil à *titre d'indemnité pour leurs frais de déplacement;* mais néanmoins le Jury procède à l'examen de ces étalons et rentré dans la salle des délibérations, à l'Hôtel-de-Ville, un membre (1) fait le résumé des impressions de la majorité, et il en résulte que : « le Jury voit avec regret que 4 étalons seulement sur 15 appartenant au département ont été exhibés à ce Concours. et que sur ces quatre, trois sont inférieurs à ceux présentés par l'industrie privée. » Cette délibération est signée séance tenante, et M. le rapporteur est chargé de la faire parvenir à M. le Préfet.

---

(1) M. Dupont.

Année 1860. — Nouvelle allocation de 10,000 fr.

» Le département possédait en 1859, 19 étalons, comme suit :

Anciens : — Marceau, Rigolo, Solide, Belle-Face, Séduisant, Jean-Bart, Prince-de-Berghes, Soldat-Laboureur, Joli-Cœur, Brillant, Robuste, l'Homme-Bleu, Bon-Espoir.

Nouveaux : —Nestor, Monarque, Projecteur, Oriol, Bienvenu, Partisan.

» Au 1er janvier 1860, Belle-Face, Soldat-Laboureur, Joli-Cœur et Bon-Espoir avaient fini leurs 6 années de service et étaient devenus la propriété de leurs détenteurs.

» L'étalon *Séduisant* a dû être réformé comme vicieux et tiqueur, et comme il était devenu par sa méchanceté impropre au service de la monte, il n'a été revendu que 600 fr. (Nous sommes désireux de savoir quelles seront les qualités de ses produits.)

» *Jean-Bart*, qui n'avait été acheté que *conditionnellement* et dont les éleveurs n'étaient pas satisfaits, a été repris par le vendeur.

« Restait donc à la fin de 1859, 13 étalons, et en 1860 5 nouveaux ont été achetés, savoir : Vauban, Passereau, Mercure, Porthos et Cabri.

» Depuis lors, l'étalon *Monarque* étant mort, reste donc 18 étalons. »

Voyons ce que l'on dit cette année en faveur de l'institution.

On commence d'abord par donner l'assurance qu'à l'aide des sacrifices que le Gouvernement s'est imposés depuis 1854, notre race flamande déjà notablement améliorée a été l'objet d'une admiration incontestable au Concours général agricole de Paris.

Nous aimons à le croire : mais nous ne pouvons accepter, surout d'après tous ce que nous avons dit, que ce soit grâce aux sacrifices que le département s'est imposés, que notre race flamande se soit améliorée d'une manière telle quelle ait fait l'objet de cette admiration générale. (1)

Puis l'on ajoute : « L'étalon appelé à régénérer, à perpétuer sa race doit être choisi parmi un grand nombre de sujets, il doit posséder toutes les conditions de force, de beauté, d'énergie et de

---

(1) D'après le catalogue des animaux qui y ont été présentés, le département du Nord y figurait comme suit

CHEVAUX DE GROS TRAITS.

4e *Catégorie*, 1re *section*. — *Produits de* 3 *ans*.

1re SÉRIE. — MALES. — *Robin*, 3 ans. Son père étalon anglo-normand, mère flamande. Rémy, à Onnaing.

2e SÉRIE. — FEMELLES. — *Bellotte*, 3 ans. Son père *Vaillant*, étalon approuvé ; mère flamande. Veuve Waguet-Lambert, à Bourbourg-Campagne.

CHEVAUX DE 4 ANS.

1re SÉRIE. — MALES. — *Jean*, 7 ans. Crépy, Dieudonné.

Lion, 6 ans. Tassart, à Craywick.

Voyageur, 4 ans, père et mère inconnus. Rome, à Teteghem.

2e SÉRIE. — FEMELLES. — *Charlotte*, 5 ans, père étalon de Bourbourg. Veuve Waguet-Lambert.

Farotte, 8 ans, père et mère de race de Bourbourg. Benjamin Létrez, à Cappelle-les-Dunkerque.

Elégante, 5 ans, père *Soldat-Laboureur*. Laurent Duytshe, à Bourbourg-Campagne,

TRAIT LÉGER.

5e *Catégorie*, 1re *section*. — *Produits de* 3 *ans*.

1re SÉRIE. — MALES. — Néant.

2e SÉRIE. — FEMELLES. — *Belotte*, père étalon du département. (Il n'est pas dit lequel.) Rémy, à Onnaing.

CHEVAUX DE 4 ANS ET AU-DESSUS.

1re SÉRIE. — MALES. — *Antoine*, 5 ans, père demi-sang anglais. Verhaeghe, à Volkerinckove.

2e SÉRIE. — FEMELLES. — *Bichette*, 4 ans, son père étalon approuvé. Beaude, à Beaufort.

constitution qu'exige le service auquel on le destine, et la réunion de ces conditions le rend par cela même très rare à trouver.

» Ici se produit donc comme toujours cet axiôme : que plus une marchandise est rare, plus elle est précieuse, et plus elle est chère. Il en résulte alors que, selon la proportion des fortunes, soit qu'il s'agisse de l'éleveur normand ou de celui de Tarbes auquel il faut des sujets reproducteurs dont le prix s'élève à 50,000 fr., soit qu'il s'agisse de l'éleveur flamand, qui ne peut mettre, à cause du prix qu'il retire de ses produits, qu'un taux moins considérable à l'acquisition de ses reproducteurs, il en résulte cette absolue nécessité de sacrifier une somme toujours très grande, souvent disproportionnée aux fortunes, pour se procurer le producteur possédant les conditions qui donnent du prix à ses rejetons.

» Mais la division des fortunes, nos institutions sociales, ne permettent pas à un père de famille de posséder seul un étalon qu'il doit payer à si cher denier. Le Conseil général a pris une louable initiative, en créant son haras départemental, dont les sujets, répartis chez nos cultivateurs les plus expérimentés, n'en constituent pas moins un ensemble et une institution. »

Qu'on nous permette de le dire, il n'est pas possible d'établir de

---

Sur onze, un provient de *Soldat-Laboureur*, un autre d'un étalon départemental non désigné.

Les prix ont été décernés comme suit :

4e *Catégorie*, 1re section, 1re série. — *Mâles.* — Produits de 3 ans.
Robin, père demi-sang anglais, à M. Rémy, à Onnaing, 3e prix.
2e *Série.*—*Bellotte*, 3e prix, à veuve Waguet-Lambert, à Bourbourg.

    Chevaux de 4 ans à 12 ans, 2e série. — *Femelles.*
4e prix.— *Farotte*, à M. Lettrez, à Cappelles. Père étalon de Bourbourg
6e —   *Charlotte*, à veuve Waguet-Lambert,   idem,
7e —   *Elégante*, à M. Duytsche, à Bourbourg. Père *Soldat-Laboureur*.

    5e *Catégorie*, 1re section, 1re série. — *Femelles.*
3e prix.—*Bellotte*, à M. Rémy, à Onnaing. Père étalon départemental.
2e —   *Bichette*, M. Beaude, à Beaufort. Père étalon approuvé.

comparaison entre les reproducteurs de Tarbes et de Normandie, coûtant 50,000 fr., avec ceux achetés par le département du Nord, dont nous avons pu apprécier les qualités par les rapports des Concours passés et où nous avons montré que ceux qui avaient été exhibés étaient inférieurs à ceux présentés par l'industrie privée.

Voici ce qu'on nous signale encore à ce sujet : (1)

Du reste, qui ne sait que les chevaux propres à n'importe quel genre de service, ont énormément augmenté de valeur comme toutes autres choses ; que le cultivateur est obligé de payer aujourd'hui le même cheval 2/3 en plus que ce qu'il le payait il y à 6 ou 8 ans ; et certes aujourd'hui que le bon cheval de labour atteint le prix de 1,200 à 1,300 fr., l'étalonnier n'hésiterait pas à ajouter à ce prix 1,500 où 1,800 fr. pour se procurer un bon étalon, somme à peu près égale à celle qu'y met le département, si la concurrence, que lui fait ce dernier et le prix des saillies qu'il maintient à 5 fr., ne l'empêchait d'élever le sien suivant le mérite de son étalon, ou bien de le laisser au même prix s'il n'avait la crainte de la concurrence, et s'il avait l'espoir d'obtenir une forte prime dans les Concours.

» Des étalons *de gros trait*, les seuls applicables à nos pays et à nos besoins, choisis parmi les races dont l'expérience a démontré toute la valeur comme puissance *régénératrice*, ont été placés dans les 7 arrondissements du département en nombres proportionnés à leur importance sous le rapport de l'élevage. » Mais ces

---

(1) Un détenteur d'étalons du département en a eu un qu'il a renvoyé pour seime-quarte, et on lui en a remis un autre qui est taré. Ce cultivateur tient des étalons et souvent ceux que je lui ai connus sont préférables à ceux du département. Quant à moi et ceux qui veulent traiter la chose avec conscience et connaissance nous ne croyons pas qu'on puisse obtenir l'amélioration des races par les étalons départementaux. Qu'on donne des primes et on obtiendra de beaux résultats.

chevaux sont presque tous de la race de Bourbourg ou du boulonnais ? Mais où est donc encore une fois le temps où on déclarait que l'élevage des chevaux de gros trait devait être laissé à l'industrie privée et que le département ne devrait s'occuper que de l'amélioration des chevaux de trait léger ! Où est donc l'époque où on déclarait encore que l'institution des étalons départementaux permettrait à l'éleveur de la circonscription de Valenciennes, Condé, Le Quesnoy, Avesnes, Maubeuge, Solre-le-Château, Maroilles et autres, de fournir à l'armée sa part de chevaux achetés à l'étranger ! Serait-ce que grâce à l'institution des étalons départementaux la production chevaline de ces pays se serait modifiée au point de n'en plus pouvoir produire ?... Mais non, on ne veut pas dans ces contrées des chevaux de Bourbourg, du Boulonnais et du Perche, pas plus qu'à Dunkerque et à Bourbourg on veut des étalons départementaux.

Veut-on savoir quels sont les étalons que l'on désire, eh bien voici : dans la 1re circonscription on déclare, d'une part « que le pays étant convenable à l'élevage du cheval de labour propre en même temps au train et à l'artillerie, c'est à l'industrie privée qu'il faut avoir recours si on veut obtenir des résultats satisfaisants ; d'autre part, que les éleveurs recherchent toujours pour faire saillir leurs juments, le cheval qu'ils appellent *Français*, lequel est de grande taille d'artillerie, tient le milieu entre le boulonnais et le fort ardennais moins l'énorme tête de ce dernier, et quoique l'habit ne fait pas le moine, ni la robe le cheval, dont la couleur néanmoins est constamment baie ou noire, qui travaille jeune, mange bien, profite à tout âge de sa nourriture, a des allures surtout celles de trot vives et soutenues et qu'il faut à 25 ans tuer pour le remercier.

» Les éleveurs veulent cela parce que les percherons, leurs croisés, leurs diminutifs, les grands pommelés, ou bien encore les grands mous, comme ils les appellent, avec leur constitution lâche ne peuvent comme les autres travailler jeunes pour la même nourriture, celle qu'on donne ordinairement dans les fermes, sans maigrir, sans affaiblir leur poitrine et leurs articulations.

» Dans la 2ᵉ circonscription à Dunkerque, à Bourbourg, à Hazebrouck, à Cassel si on reconnaît que « les étalons départementaux envoyés depuis 1854 ont remplacé avantageusement ceux qu'y envoyait l'administration des haras, on reconnaît aussi et d'une manière presqu'unanime que jamais l'institution des étalons départementaux pourra faire aussi bien que l'industrie privée surtout si elle était encouragée par l'appât de fortes primes ; que la catégorie sérieuse des éleveurs préférerait, à juste titre, l'étalon particulier à l'étalon départemental, parce que l'étalon particulier était et serait encore meilleur que l'autre, mieux choisi quant aux formes et quant à la convenance du pays. »

» Le nombre des saillies augmente chaque année, dit-on encore, il a été de 1,664 en 1860, c'est-à-dire une moyenne de 92 saillies par étalon dont plusieurs sont très jeunes et au début de leur campagne.»

C'est sans doute de leur carrière que l'on a voulu dire, car autrement s'ils ont déjà fait 92 saillies, ces étalons *très jeunes* combien en auront-ils donc fait à la fin?... En tous cas, nous ne pouvons pas approuver ces si nombreux sauts, si nous nous rappelons ce que pensent les hippologues à cet égard, l'arrêté préfectoral du 6 janvier 1854 qui fixe le nombre des sauts à 70 au moins et 100 au plus, et l'extrait suivant d'une lettre que nous recevons de la Circonscription de Cambrai :

» Je sais que les étalons départementaux saillissent trop et outre mesure.

» Ces nombreuses saillies ne peuvent être que préjudiciables à la constitution des pères et de leurs produits, et par suite aux éleveurs et à l'institution. »

» Il est maintenant avéré que l'industrie privée reçoit un concours précieux de cette institution qui met à sa disposition des sujets *de choix* (nous avons vu par le résultat du Concours d'Hazebrouck ce qu'il faut en penser) qu'elle ne pourrait se procurer ailleurs qu'après de pénibles recherches.

» Ce mode de reproduction n'établit donc qu'une *légitime et loyale concurrence* qui ne mérite certainement pas les critiques dont elle a été l'objet. »

Ainsi, on l'avoue, c'est de la concurrence qu'on fait maintenant à l'industrie privée: Concurrence qu'on appelle loyale et légitime, quand on laisse à cette dernière toutes les charges pour réserver toutes les faveurs aux détenteurs d'étalons départementaux.

» Quelques étalons ont dû être réformés prématurément parce qu'il s'était déclaré chez eux quelques vices qui auraient pu se transmettre à leurs produits. »

Donc l'institution n'est pas plus exempte que l'industrie privée d'avoir des chevaux corneurs, ou ticqueurs, ou méchants.

» Le département possède aujourd'hui 18 étalons, déjà leur progéniture paraît dans les Concours et obtient des succès. »

C'est de la progéniture des 13 anciens qu'il est question ici, car celle des autres n'est pas encore née.

» Le prix toujours de plus en plus élevé qu'atteignent les chevaux en général et ceux de gros-trait en particulier démontre que nos races sont très-recherchées. L'amélioration de la race chevaline produit cet effet dans nos contrées que la concurrence qu'amène la supériorité de nos produits a élevé les prix en moyenne de 800 fr. à 1.300 fr. tandis que ces mêmes produits étaient obtenus il y a peu d'années dans les limites de 600 à 900 fr. Il faut donc persévérer dans l'institution des étalons départementaux, et l'améliorer dans les conditions qui restent incomplètes au début d'une application *nouvelle*. »

Cette amélioration par qui a-t-elle été produite? Si nous nous en rapportons aux renseignements fournis par des personnes compétentes que nous avons consultées dans chaque arrondissement, l'institution des étalons départementaux ne devrait pas tant s'en attribuer l'honneur ! et pourquoi ne pas dire simplement que les causes qui ont déterminé cette élévation dans les prix des chevaux de toutes races résident principalement dans la dépréciation du numéraire, dans les besoins toujours de plus en plus croissants du luxe, du commerce, de l'industrie de l'agriculture, dans les demandes plus considérables faites par les armées pendant ces dernières années.

Puis, pourquoi dire en parlant des étalons départementaux, institution nouvelle, application nouvelle? Cette institution date de 1850, comme celle des primes à l'industrie privée date de 1838 : si l'une est nouvelle, l'autre n'est guère plus vieille car elles ont le même nombre d'années d'existence, à une près.

On demande ensuite de réviser l'art. 4 de l'arrêté du 17 janvier 1854 qui règle la durée de services des étalons à 6 ans et de le reporter à 10, et on s'appuie sur ce « qu'il faut acheter les étalons jeunes, car à 4. 5 ou 6 ans ils sont plus difficiles à trouver, et il faut les payer un prix hors de toute limite. Que ces jeunes étalons ne sont ni venus ni formés, qu'ils ont besoin qu'on leur procure des soins et des ménagements pendant quelques années (en leur faisant faire 92 sauts en moyenne au début), que ce n'est que vers l'âge de 5 ou 6 ans qu'ils se développent, qu'ils sont de toute bonté, qu'ils peuvent être livrés à un *plus grand nombre* de juments ; que ce principe admis il n'est pas rationnel d'abandonner un étalon après six années de services; preuve l'étalon *Bon-Espoir*, qui ne plaisait pas d'abord, manquait de vigueur, laissait beaucoup à désirer, qui plus tard s'est développé et a obtenu la Médaille d'or en 1857 au Concours de Lille où il avait été mal reçu précédemment par certains membres du Jury, et qui, après avoir terminé ses six années de services vient d'être vendu par son heureux détenteur à l'administration du dépôt impérial d'Abbeville, pour la somme de 2,700 f.; cet exemple sera suivi de bien d'autres. »

Nous ne le croyons pas. D'abord ce n'est pas une médaille d'or, mais bien une médaille de vermeil qui a été décernée en 1858 et non en 1857 à l'étalon *Bon-Espoir*. Jamais le Jury n'a demandé d'augmentation de valeur dans les récompenses portées au programme des prix à décerner en faveur du mérite des étalons du département.

Jamais il n'a fait leur éloge, quelquefois il a blamé; et s'il s'est trompé sur le compte de *Bon-Espoèr*, il est à souhaiter pour l'institution qu'il se soit aussi trompé à Hazebrouck, et à Lille quand il décernait des récompenses à des étalons dont on demandait la mise à la réforme l'année suivante ou deux ans après. Cet exemple aura surtout moins de chance d'être suivi si on continue à faire saillir outre mesure les étalons jeunes, quand ils n'ont pas encore atteint leur entier développement, car ils s'useront et se ruineront très vite et ne feront que de mauvais produits.

Nous ne le croyons pas non plus pour les motifs suivants encore :

L'étalon l'*Homme-Bleu* qui a obtenu la 1re distinction en 1856, n'a rien eu en 1857, a obtenu la 3e en 1858, et faisait partie des quatre parmi lesquels le Jury d'Hazebrouck déclarait, en 1859, que trois étaient inférieurs aux étalons présentés par l'industrie privée vient d'obtenir de nouveau la 1re en 1860.

Nous comprenons facilement qu'un étalon après avoir obtenu une prime supérieure alors qu'il n'était âgé que de 4 ou 5 ans, obtienne une prime inférieure quelques années après, et ce, en raison même de sa détérioration par suite des services qu'il a rendus pendant ce laps de temps; mais qu'après quatre années, ce même étalon obtienne de nouveau la première prime, alors qu'il est âgé de 9 ans, et qu'il n'a obtenu que la 3e deux ans avant, cela est loin de plaider en faveur des qualités de ceux que le département a fait acheter postérieurement à lui.

Mais voyons ce qu'est l'*Homme-Bleu* comme reproducteur.

Nous avons donné quelques extraits de lettres qui nous ont été adressées relativement au sujet qui nous occupe, et nous allons en reproduire maintenant une qui nous a été écrite par un cultivateur-éleveur de l'arrondissement de Lille :

« En réponse à votre lettre du 7 novembre par laquelle vous me demandez l'opinion des éleveurs de ma circonscription sur l'institution des étalons départementaux, je répondrai par des faits qui serviront peut-être à vous éclairer sur cette question.

» Nous avons à Péronne un étalon l'*Homme-Bleu* qui a été le plus estimé dans plusieurs Concours. Figurez-vous que les principaux éleveurs vont de préférence faire saillir leurs juments par un étalon âgé de 20 ans au moins, de race percheronne, et qui provient de M. Duhaut. Ces éleveurs fondent leurs raisons sur ce que les produits de l'*Homme-Bleu* sont bas des reins, ont les jarrets gras, et manquent d'allure même quand les juments sont de bonne qualité comme cela peut être constaté encore par plusieurs poulains et entr'autres, 1 chez M. Rousselle, 1 chez M. Salembier, 1 chez M. Samain et 3 chez M. Ghesquières, à Hellemmes. M. Louis Delattre a choisi de préférence à l'*Homme-Bleu*, un vieux cheval aveugle d'Ascq; il a élevé de ce cheval 2 poulains dont l'un est resté petit, mais qui à l'âge de 3 ans a été vendu *six cents francs*; je n'en connais pas un de l'*Homme-Bleu* qui vaudra ce prix. De plus, si on cherchait bien, on trouverait peut-être que l'*Homme-Bleu* ne serait pas le père de tous ses produits. »

Et dans une autre circonscription : « Je sais que les étalons départementaux saillissent trop et outre mesure. Je ne peux pas vous dire ce qu'ils ont produit, car leurs élèves se confondent avec ceux d'autres étalons que les détenteurs, sans en excepter beaucoup, adjoignent à ceux-là par spéculation ; peut-être feraient-ils de meilleurs produits s'ils étaient placés dans de grandes fermes où ils ne pourraient faire qu'un nombre très limité de sauts. »

Mais examinons la question sous un autre point de vue en commençant par déclarer que la Commission chargée depuis 1854 de l'achat des étalons départementaux était la plus compétente, qu'il était impossible de la mieux composer ce que nous nous plaisons à le reconnaître, et cela prouve que si l'institution n'a pas mieux réussi ce n'est pas la faute de la Commission, mais bien celle de l'institution seule.

Que si pour une raison quelconque, un, plusieurs ou tous les éléments qui composent cette Commission venaient à faire défaut, ou que sans changement dans les éléments, la Commission adopte une manière de voir différente de celle prônée aujourd'hui, nous verrons bientôt l'institution entrer dans sa 5ᵉ phase, comme nous l'avons vu passer par l'administration des haras, puis déclarer qu'elle ne voulait améliorer que les chevaux de trait-léger, pour arriver ensuite à n'avoir que des étalons de gros-trait, et enfin faire concurrence à l'industrie privée à qui elle disait vouloir laisser cette production; et elle arrivera d'autant plus certainement a cette cinquième phase qu'il n'y a rien d'arrêté dans les modifications qu'il faut faire subir à nos races pour les améliorer.

On compare l'institution à celle des haras! mais celle-ci avait un but auquel elle n'a cessé et ne cesse de tendre de toutes ses forces, de toute son énergie, et cependant, malgré ses connaissances, sa durée d'existence, son dévouement, son budget annuel de 2 millions, on lui conteste plus que jamais son utilité, les services qu'elle dit avoir rendus et rien ne prouve que demain elle n'aura pas cessé d'exister, elle qui disposait en 1859 d'un budget de 3,050,948 fr. et dont les étalons achetés coûtaient 1=113,764 f., 4=35,000 f., 3=24,175 fr. 21=13,463 fr., 1,117=3,335 fr.

S'il fallait qu'il y ait absolument une institution d'étalons du département, nous demanderions qu'elle se bornât à acheter *un ou deux* reproducteurs de chaque arrondissement, et qu'elle les y laissât en chargeant une Commission du soin de rechercher 40 à 50 juments du pays qui pourraient le mieux être accouplées avec eux, de manière à arriver à la perfection des formes par la sélection, et dont on conserverait les produits ; ou bien encore : qu'à l'incitation de M. Gayot, ancien directeur de l'administration des haras (V. *Journal d'agriculture pratique*, année 1860), et de M. Delamarre (V. le journal la *Patrie*, numéro du 7 août dernier), l'institution s'occupât à titre d'essai seulement de la question suivante :

« On peut emprunter à l'Angleterre, disent ces Messieurs, les divers modèles d'étalons qui se trouvent en harmonie, par leur conformation avec les races indigènes que nous devons régénérer, ou qui affectent les qualités que nous devons transmettre à leur descendance. Son intervention doit être dirigée de manière à ne diminuer ni la taille ni l'ampleur des formes. Cette règle doit s'appliquer surtout à l'emploi immédiat du quart de sang pour l'amélioration des races communes. Ainsi quand on agira par le quart de sang chez nos grandes races du boulonnais et du perche, il faudra choisir des étalons toujours aussi gros et si c'est possible plus gros que les mères, afin de conserver à la descendance la robuste ossature, l'ampleur du corsage, le doublé, toutes conditions essentielles que nous devons tendre à conserver sans altération, ni amoindrissement, tout en transmettant la vigueur et l'énergie du pur sang.

» Les produits d'élite provenant de ces croisements, deviendront à leur tour les étalons régénérateurs de nos races inférieures. »

La concurrence que l'institution des étalons départementaux fait à l'industrie privée aura pour résultat de tuer celle-ci comme nous n'en voyons que trop la preuve dans le nombre toujours décroissant des étalons qu'elle exhibe dans les Concours.

Le privilége exclusif de la monte qu'elle recherche en s'imposant d'énormes sacrifices, elle l'obtiendra d'autant plus facilement que ses étalons bons ou mauvais feront nécessairement disparaître ceux de l'industrie privée qui leur étaient supérieurs, car celle-ci ayant toutes les charges, ne pourra lutter avec des détenteurs qui n'auront que des profits.

Le prix même du saut, fixé à 5 fr. pour les étalons du département, sera une des causes pour lesquelles l'industrie privée ne pourra continuer à tenir d'étalons, car elle ne peut vivre, prospérer et améliorer ses moyens de reproduction que si elle obtient des prix rénumérateurs.

En trouvant un concurrent qui fournit à perte, elle trouve un obstacle d'autant plus sérieux et nuisible que la concurrence sera plus étendue. Le crédit alloué en 1859 pour 1860 étant de 16,000 f. et le nombre de sauts de 1664, le sacrifice que s'est imposé le département est de 9 fr. 60 par saut auxquels il faut ajouter les 5 fr. prélevés par le détenteur, ou en tout 24,320 fr.

Il devra en résulter que les étalons que l'industrie privée continuera à tenir seront mauvais, et que pour parer à ce mal, l'institution départementale devra se pourvoir de reproducteurs en quantité suffisante pour satisfaire les besoins des éleveurs.

Nous avons vu que pour fournir les chevaux dont le département seulement a besoin chaque année, il faudrait 137 étalons qui, à 3,000 fr. coûteraient 411,000 fr.

En admettant que le nombre en soit renouvelable par dixième, ce serait une dépense de 40,000 fr. qui incomberait chaque année au département.

Pendant combien de temps ? Evidemment toujours, car, comme n'y il a rien d'arrêté dans la transformation qu'il faut faire subir aux formes de chacune des races du département pour les améliorer, il devra s'en suivre qu'on tournera toujours comme dans un cercle autour des modifications à imposer, et que, lorsque las de dépenser de l'argent on s'arrêtera, on constatera que l'on n'aura rien fait parce que 1º pour améliorer une race il faut un but bien arrêté et beaucoup de persévérance, et que ces deux points manqueront probablement toujours à l'institution, comme ils lui ont manqué déjà ; 2º parce que les éleveurs n'ayant que peu d'espoir de vendre leurs poulains au département, puisqu'il lui en faudra moins que deux par année et par arrondissement pour maintenir complet le nombre de 137, ne compteront pas sur cette éventualité et s'empresseront de vendre leurs bons produits, d'autant plus que la concurrence les empêchera de les exploiter eux-mêmes.

Pour tous ces motifs, nous émettons le vœu que le département abandonne le système des étalons départementaux pour en revenir

— 56 —

à celui des primes distribuées autrement qu'on ne l'a fait de 1838 à 1840; qu'une somme de 12,000 fr. soit dépensée chaque année entre les sept arrondissements en primes d'encouragement pour amélioration de l'espèce chevaline; qu'elles soient partagées suivant l'importance de production de chaque arrondissement; qu'elles soient aussi divisées entre la production du trait léger et celle du gros trait suivant leur importance par chacune de ces circonscriptions; et qu'elles soient décernées dans chaque arrondissement par un Jury composé des cultivateurs-éleveurs et des vétérinaires les plus éclairés pris sur tous les points de l'arrondissement même, sous la présidence d'un membre du Conseil général.

Et, en effet, si dans chacun des arrondissements d'Avesnes, Cambrai, Dunkerque et Valenciennes, les quatre qui produisent le plus, on répartissait une somme de 2,000 fr. en primes comme suit :

          1° 500
          2° 400
          3° 350   Ci 8,000 fr. ce qui permettrait de ré-
          4° 300   compenser 6 étalons par ar-
          5° 250   rondissement, et pour les 4,   24
          6° 200
          ——
          2,000

          1° 500
          2° 400
Hazebrouck. 3° 300   Ci 1,550 fr. ce qui permettrait d'en
          4° 200   récompenser   5
          5° 150
          ——
          1,550

          1° 400
  Lille   2° 300   Ci 2,500 fr. qui serviraient à en ré-
  et Douai. 3° 300   compenser 4 par arrondisse-
          4° 250   ment, pour les deux. . . .   8
          ——
          1,250   Total . . . 37

  Total. . . . 12,000 fr.

En admettant qu'il en serait présenté un chiffre double au Concours, cela ferait 74 étalons.

Nous voudrions que les propriétaires d'animaux primés seraient tenus de les conserver et consacrer à la reproduction dans le département pendant une année, à partir du jour du Concours; qu'un étalon ne pourrait obtenir que pendant trois années au plus la même récompense.

Nous avons la persuasion que ces encouragements seraient bien autrement efficaces pour l'amélioration de nos races que ne le sera jamais l'institution des étalons du département.

Nous citerons pour preuve à l'appui de notre manière de voir ce qui s'est passé pour l'administration des haras.

« En 1849, le crédit qu'elle allouait aux étalons approuvés était de 100,000 francs et servait à donner 400 primes de 250 francs en moyenne. En 1850, l'allocation fut portée à 200,000 fr., et l'augmentation du nombre de chevaux présentés pour la prime amena bientôt une nouvelle insuffisance de crédit. En 1855, 775 étalons ont porté la dépense réelle à 240,000 fr. En 1856, elle a été de 265,000 fr. pour 753 étalons. Enfin, en 1857, sur 940 étalons admissibles à la prime, 800 seulement ont pu la recevoir faute de fonds.

» Il est donc facile d'avoir plus d'étalons approuvés, et on peut ainsi les avoir meilleurs; mais c'est à la condition de donner l'importance nécessaire à des encouragements dont l'insuffisance ne ferait que perpétuer l'inefficacité.

» Sous l'influence d'encouragements efficaces, l'industrie s'habituerait à la liberté et deviendrait assez forte pour vivre de ses propres ressources, et alors l'intervention indirecte pourrait disparaître à son tour. » (Extrait du rapport de la minorité de la Commission hippique. *Moniteur* du 17 novembre).

Enfin, nous terminerons par cette déclaration des adversaires du système des primes et défenseurs en même temps de l'institution des étalons du département, à savoir : « que le cheval parfait est aussi difficile à trouver qu'il est difficile de créer un système accompli, et qu'ils s'efforcent à faire leur devoir en cherchant l'application du bien, dont le mieux est souvent l'ennemi. »

Nous avons l'espoir que vous voudrez bien nous rendre aussi la justice de croire que nous n'avons obéi qu'à l'idée pure et simple d'accomplir un devoir en nous livrant à cet examen.

APPENDICE.

M. le Préfet du Nord, qui honorait de sa présence la séance du Comice dans laquelle fut lu le travail ci-dessus, ayant bien voulu mettre à notre disposition, ce dont nous le remercions sincèrement ici, les documents qui auraient pu nous éclairer sur cette question, nous en avons extrait les renseignements suivants :

1° En 1850, presque toutes les Commissions hippiques demandent l'interdiction de la monte aux étalons rouleurs non munis d'autorisation spéciale ;

2° En 1851, presque toutes demandent aussi des étalons du Boulonnais ou du Perche, et surtout pas d'Anglais.

3° En 1852, celle de Douai demande que le nombre des sauts par chacun des étalons départementaux ne dépasse pas 80.

4° En 1853, celle de Lille « croit devoir signaler qu'il y a quelques années, il n'était pas rare de voir 8 ou 10 étalons être présentés à l'autorisation ; qu'aujourd'hui cette absence de sujets tient à l'incertitude dans laquelle sont les étalonniers sur le sort qui leur est réservé par suite des votes successifs du Conseil général pour l'acquisition d'étalons départementaux.

» Le sieur Descamps, d'Herrin, dont l'étalon autorisé va atteindre sa 10° année, désirerait pourvoir au remplacement de cet animal, mais il n'ose le faire, attendu qu'il ne pourrait espérer de rentrer dans le sacrifice qu'une pareille acquisition lui imposerait, si le département achetait des étalons qui lui feraient une concurrence ruineuse. »

1855. Celle d'HAZEBROUCK reconnaît les *quelques* avantages procurés par l'étalon du département et demande une station d'étalons du haras propres au trait et au pas.

Celle de LILLE reconnaît l'insuffisance d'un seul étalon du département d'autant plus que les étalonniers rouleurs ont complétement cessé leur industrie sous l'influence de la *nouvelle institution*. *(Et il n'y avait alors qu'un seul étalon du département dans l'arrondissement.)*

Le département qui possédait en août 1860, 19 étalons en avait

acheté en 1850   4 { sur lesquels, 2 ont été repris par l'administration et 2 autres rendus au département qui les a revendus pour un peu moins de la moitié de prix d'achat, (comme nous l'avons vu plus haut), après une seule campagne de monte.

et depuis 1854   33

Total   37 {
Sur les 33 autres, il paraît que
4 sont devenus la propriété de leurs détenteurs après 6 années de services.
2 ont été rendus aux vendeurs, après une saison de monte, parcequ'ils ne convenaient pas.
3 ont été réformés dans leur 1re an. de servic.
1   —   après 2   —
2   —   —   3   —   (1)
2   —   —   4   —   (2)
1   —   —   5   —
1 est mort après   2

---

(1) *Fulton* 3e distinction au Concours de Lille en 1856.
(2) *François*, 2e id.   id.   id.
    Séduisant, 3e id.   id.   1857.

Semblent avoir été achetés :

A l'âge de 3 ans.	3 ans 1/2	4 ans.	4 ans 1/2	5 ans.	6 ans
9	6	10	1	5	2

Le prix d'achat le moindre est de 1,300 fr. et 2,000 fr.; le prix le plus élevé est de 3,500 fr.

Le nombre des années de monte, avec l'indication des sauts qui ont été faits par chaque étalon, s'élève à 77, qui se divisent comme suit :

De 13 à 70.	de 70 à 100.	de 100 à 200.
18	33	26

TABLEAU du nombre des étalons qui ont été autorisés à faire la monte dans le département depuis 1848.

ÉTALONS DÉPARTEMENTAUX.	1848	1849	1850	1851	1852	1853	1854	1855	1856	1857	1858	1859	1860
Avesnes.	5	10	36	10	13	13	13	15	8	5	5	9	1
Cambrai.	1	1	2	2	2	2	»	2	5	1	1	4	»
Douai.	1	6	2	3	1	»	»	»	»	»	»	2	1
Dunkerque	1	2	3	3	2	4	2	7	6	7	7	7	7
Hazebrouck	»	»	1	1	1	2	»	»	»	2	2	»	»
Lille.	1	1	2	1	1	1	1	»	»	2	2	1	»
Valenciennes.	3	8	4	3	1	3	1	»	»	»	»	1	1
TOTAL.	12	28	50	20	19	25	18	24	19	15	15	23	18
ÉTALONS DÉPARTEMENTAUX.	»	»	»	4	»	»	7	7	11	18	18	19	18

De ce tableau il résulte que le nombre des étalons autorisés était de 50 pour la monte de 1850 ; que c'est en août de la même année que l'institution des étalons départementaux fut votée, et qu'aussitôt après, pour la monte de 1854, le nombre des étalons autorisés ne fut plus que de 20; qu'en 1854, ce chiffre tombe à 18, puis à 15 en 1857 et 1858, pour se relever à 23 en 1859, probablement à cause des besoins de la guerre, et qu'il tombe à 18 en 1860, chiffre égal à celui des étalons du département, après avoir déjà été moindre pendant deux ans.

www.ingramcontent.com/pod-product-compliance
Lightning Source LLC
LaVergne TN
LVHW021739080426
835510LV00010B/1293